IP

Intellectual property

段正纯

用段子讲透知识产权

董新蕊 —— 著

知识产权出版社
全国百佳图书出版单位
—北京—

图书在版编目（CIP）数据

IP 段正纯：用段子讲透知识产权 / 董新蕊著. —北京：知识产权出版社，2019.11（2020.5 重印）

ISBN 978-7-5130-6443-9

Ⅰ. ①I… Ⅱ. ①董… Ⅲ. ①知识产权 – 基本知识 Ⅳ. ① D913.4

中国版本图书馆 CIP 数据核字（2019）第 197241 号

内容提要

本书旨在撕开知识产权给人展示的孤傲伪装，将知识产权经济学演绎成一出出幽默的轻喜剧，并给出令人颔首的启示。智慧就在一笑一颦间，财富总在一思一悟后。

责任编辑：田　姝　　　　　　　　责任印制：孙婷婷

IP 段正纯——用段子讲透知识产权
IP DUAN ZHENG CHUN——YONG DUANZI JIANGTOU ZHISHI CHANQUAN

董新蕊　著

出版发行：	知识产权出版社 有限责任公司	网　　址：	http://www.ipph.cn
电　　话：	010-82004826		http://www.laichushu.com
社　　址：	北京市海淀区气象路 50 号院	邮　　编：	100081
责编电话：	010-82000860 转 8598	责编邮箱：	tianshu@cnipr.com
发行电话：	010-82000860 转 8101	发行传真：	010-82000893
印　　刷：	北京建宏印刷有限公司	经　　销：	各大网上书店、新华书店及相关专业书店
开　　本：	710mm×1000mm 1/16	印　　张：	18
版　　次：	2019 年 11 月第 1 版	印　　次：	2020 年 5 月第 2 次印刷
字　　数：	260 千字	定　　价：	59.00 元

ISBN 978-7-5130-6443-9

出版权专有　侵权必究

如有印装质量问题，本社负责调换。

顾 问

崔　文——益都慧咨询（北京）有限公司董事长
彭　锐——华专卓海知识产权代理事务所合伙人
王润笙——著名书画经纪人
郑治方——新商育科技有限公司董事长
杨　杰——北京沃杰有限公司董事长
周　鹏——IPRDaily集团CEO
朱子涵——北京市一六六中学

前言
PREFACE

多听段子有好处，知识产权变财富

辞曰："文不在高，有理则明，理不在深，有趣则灵。"

冯仑说："段子是最高级的套路。"

罗永浩说："好看的皮囊千篇一律，有趣的段子万里挑一。"

读书让人进步，段子让人捧腹。什么是捧腹？就是能够给人带来快乐。

一个好的知识产权段子，能给人带来欢乐，能以愉快的方式让人们最敏捷地进入社交圈，从而增添一些与他人谈笑风生的话题，让人们在知识产权的海洋里游刃有余、有所收获。

真正纯正的好段子是有技术内涵的，高深的事情，浅浅地讲。知识产权行业给人的感觉一直是阳春白雪，不接地气，要想扩大群众基础，拥有自己专属的"段子文化"必不可少。否则，会导致老百姓对知识产权无话可谈，即使内行人谈了外行人也没兴趣听，无法引起共鸣。

真正纯正的好段子是一种提炼的精华，以四两拨千斤之势，上可针砭时弊，下可自我解嘲。本书起名"IP段正纯"，旨在用纯正的段子打造知识产权经济学的"一阳指"，力求做到出指可缓可疾，缓时潇洒飘逸，疾则迅如闪电，但着指之处，分毫不差，丝丝入扣，直点知识产权的穴位，既可御敌，亦可治病救人。

真正纯正的好段子必须注重底蕴，清流见底，静水流深。段子源于生活，是生活细节中智慧的体现，本书作者作为知识产权行业从业十多年的老兵，创造了以小智、小财作为主要角色的故事和段子，立志为知识产权从业者打造传播行业知识之必备神器。将枯燥乏味的知识产权经济学启示与生活故事相结合，旨在撕开知识产权孤傲的伪装，把枯燥的知识产权知识掰开揉碎，以轻松幽默的展现形式，让读者在一笑一谈之中，还能一思一悟。

真正纯正的好段子必须得人心，走心才是获取认同的唯一途径。本书的段子是指那些反映社会知识产权现象的新语录、小故事或语言片断，编排方式符合快节奏下的现代人碎片化阅读的习惯，5 分钟读懂一个段子、5 分钟看懂一个启示，书中保证既有走心的"鸡汤"和"醒酒汤"，又有新颖的"罗宋汤"和"胡辣汤"，并配有漫画插图，可让读者看完后终身受益。

作者最担心的是由于自己的才疏学浅，讲出来的段子配不上这个时代知识产权领域出现的问题和社会痛点，能做的只是努力表达清楚，期待各位读者引发共鸣、不吝指教。

对于本书所引用的部分，作者在编著本书过程中都尽量给出了援引出处，如有遗漏之处，请相关版权人及时联系作者或出版社，作者承诺必定积极予以答复或修正。

2019 年 3 月 18 日于王府井

目录
CONTENTS

第一章 IP概念经济学

知识产权不是舶来品 / 003

天赋知识产权 / 005

母鸡的职场感悟 / 006

专利小姐的征婚启事 / 007

商标先生的求爱历程 / 010

中国祖先发明的无线电 / 013

熟练掌握专业技术的重要性 / 016

马三立告诉你：知识产权布局的诀窍 / 018

杞人忧天的代理师 / 020

品牌的价值所在 / 022

创业中的商标故事两则 / 024

包师傅的商业秘密 / 026

杨修之死的"真正"原因 / 028

神秘的可口可乐新配方 / 031

妻子身材与可口可乐的关系 / 033

可口可乐的命名 / 036

国产新药的"专利" / 038

地域决定职业 / 040

男女有别不如南北有别 / 042

励志螃蟹洗澡记 / 044

知识产权"砖家"的尴尬 / 046

高大上职业称呼背后的真相 / 048

一个苹果带来的三个商机 / 050

屁股的奥妙 / 053

第 2 章 IP 故事经济学

四大名煮 / 059

一语话三国 IP / 061

无形资产三结义 / 064

发明家诸葛亮和投资人的对话 / 067

"木牛流马"的起源 / 070

废铁变金箍的秘密 / 073

唐僧师徒创业的故事 / 075

芭蕉扇的专利运营哲学 / 078

从《西游记》看版权运营 / 082

《水浒传》中最厉害的分析师竟是他 / 084

从钩镰枪看方法专利的重要性 / 087

李逵注册商标的灵感 / 091

跟《庄子》学知识产权保护和运营 / 093

知识产权"六尺巷" / 095

知识就是财富 / 098

毛竹的励志故事 / 100

第 3 章 IP 营销经济学

精准市场调查的重要性 / 105

全票当选的班花 / 106

知识改变命运，思路决定出路 / 108

"揩油"的学问 / 112

如何提高 IP 部门影响力 / 114

博弈的价值最大化技巧 / 116

服务不能只问价格 / 118

顾问的最高境界 / 120

光脚的不怕穿鞋的 / 121

反客为主的乞丐 / 124

正确站位的重要性 / 126

劣币驱逐良币 / 128

第 4 章 IP 分析经济学

舌尖上的分析师 / 133

全国蚊子创新大会 / 137

科技改变世界，技术改变生活 / 140

园艺师告诉你如何筛选知识产权资产 / 145

短命的专利 / 147

"专利组合"和"专利池"的形象比喻 / 149

没有知识产权的模仿等于自落陷阱 / 151

商业模式保护的重要性 / 153

专利分析师是数羊的 / 155

专利分析师不只是数羊的 / 158

啤酒与尿布的缘分 / 160

专利江湖百晓生 / 162

第 5 章 IP 保护经济学

高质量专利的撰写秘诀 / 165

道不同不相与谋 / 168

能伸能缩的专利 / 170

鼢鼠和狮子的博弈 / 172

小偷的专利墙 / 174

认狗当爹 / 176

大白兔的商标策略 / 178

富翁贷款的启示 / 181

知识产权保障大众创业 / 183

"智财村"的起源 / 185

专利界的吉尼斯纪录 / 187

哆啦Ａ梦教你应对知识产权"霸凌" / 189

第 6 章　IP 风控经济学

被骗的农民 / 193

没栏杆你敢过桥吗？ / 195

绝对的零风险是不存在的 / 197

未雨绸缪磨獠牙 / 198

事前控制医术高 / 200

信息对称是防范风险的最好方式 / 202

莫被浮云遮望眼 / 204

温水煮青蛙的启示 / 206

青蛙和癞蛤蟆的差距 / 208

第 7 章 IP 管理经济学

园中有金——论高质量专利的培育秘诀 / 211

专和利谁是天下第一？ / 214

如何去除专利泡沫？ / 217

足球先生的评选内幕 / 219

"打狗棒法专利"奇遇记 / 222

小偷跨界的目的 / 224

新龟兔赛跑之——勤劳 / 225

新龟兔赛跑之——技术 / 227

新龟兔赛跑之——专利 / 229

新龟兔赛跑之——标准 / 231

新龟兔赛跑之——创新 / 233

新龟兔赛跑之——合作 / 235

第 8 章 IP 运营经济学

知识产权运营火锅大宴 / 239

长线投资 / 241

抗霾专利 / 243

专利运营就像斗地主 / 245

大巴车上的"中国好声音" / 249

海南黄花梨值钱的秘密 / 252

和氏璧如何正确估值 / 254

和氏璧增值为传国玉玺 / 257

孙坚为何能发现传国玉玺 / 259

孙策用传国玉玺质押换兵 / 261

抢劫狗屎的强盗 / 264

汽车界的 IP 绰号 / 267

房子和专利 / 269

参考文献 / 271

CHAPTER 1

第 1 章

IP 概念经济学

知识产权是人类对发明创造从自发到自觉的认识升华。保护知识产权就是保护创新，用好知识产权就能激励创新，是给创新的火花加油。[1]

——李克强

---

[1] 节选自 2014 年 7 月 11 日李克强会见世界知识产权组织总干事高锐时的讲话。

知识产权保护

知识产权不是舶来品

法学课上，洋老师在向同学们娓娓讲述"知识产权"的由来。

洋老师说："同学们，知识产权制度最早萌芽于文艺复兴时期的意大利，1474年3月19日，威尼斯共和国颁布了世界上第一部专利法，因此'知识产权'这个词对于中国来说是个舶来品。"

他随手在黑板旁边标上了知识产权的拼音缩写："ZSCQ"。

学生小智举手问道："洋老师，中国最早出现'专利'这个词是什么时候？"

洋老师说："不要欺负我是个外国人，上课之前我早就查过，中国有文献记录的'专利'一词最早出自《左传·哀公十六年》：若将专利以倾王室，不顾楚国，有死不能。"

小智狡黠地笑着说："洋老师，《左传》是不是又叫作《左氏春秋》呀？"

洋老师一头雾水，又不得不点头："好像……是呀！"

小智说："《左氏春秋》拼音缩写为 ZSCQ，而'知识产权'一词的拼音缩写也是 ZSCQ。也就是说，知识产权一词跟公元前500年的《左氏春秋》渊源颇深，况且该书中也提到了'专利'这个词，怎么说这个词是舶来品呢？我们一定要有文化自信哟！"

| 知识产权经济学启示 |

段子中，小智的言论无疑是跟老师强词夺理，知识产权制度本身是作为"舶来品"来到我国的，我国现有的知识产权制度的制定也主要集中在对西方相关法律制度的吸收和改造上，这些都是不争的事实。

从新中国成立往上追溯，我国历史上第一部商标法规是 1904 年清政府颁布的《商标注册试办章程》，第一部著作权法是 1910 年颁布的《大清著作权律》，第一部专利法规是 1912 年颁布的《奖励工艺品暂行章程》。

但是，我们在学习西方知识产权制度"师夷长技以自强"的同时，必须将西方知识产权制度与中国传统文化之间存在的异同性有机地融合，将传统文化精髓植入到我国的知识产权运用和文化的建设中，让公众从内心接纳知识产权的权利属性和主体责任性，才能更好地促进创新，促进社会经济发展。

例如，可利用法家思想的"法、术、势"，为知识产权立法创新提供很好的借鉴；可利用道家思想的"无为而治"，创新知识产权保护的开放性思路；可利用儒家思想的"仁义礼智信"，对专利推广进行创新，孔子"以和为贵"、荀子"人无信不知其可也"、桓宽"明者因时而变，知者随事而制"等文化意识与现阶段知识产权制度的内在需求具有显著的一致性，2018 年开始国家已经将知识产权信用应用至"国家信用体系建设"中，在推崇政务诚信、商务诚信、社会诚信和司法公信建设的同时，大力提倡国家层面上的知识产权诚信，构建企业、个人的知识产权诚信档案，并将其作为个人信用体系的重要组成部分；可利用兵家的"三十六计""孙子兵法"等对专利运用和专利保护进行创新性谋略。

天赋知识产权

俗话说："天赋决定上限，努力决定下限。"

那么，从事知识产权工作需要天赋吗？

我认为是需要的！

正如：

上学时，起外号这事干得好的人，毕业后，从事知识产权工作擅长做商标；

上学时，吹牛皮这事干得好的人，毕业后，从事知识产权工作擅长做品牌；

上学时，玩游戏这事干得好的人，毕业后，从事知识产权工作擅长做软著；

上学时，写情书这事干得好的人，毕业后，从事知识产权工作擅长做版权；

上学时，吃零食这事干得好的人，毕业后，从事知识产权工作擅长做地标；

上学时，抢茅坑这事干得好的人，毕业后，从事知识产权工作擅长做专利。

| 知识产权经济学启示 |

做知识产权需要天赋吗？当然，任何行业都需要天赋，但是相比于天赋，知识产权行业更需要的是不断学习的素质和业务积累的能力。在中国的知识产权学术界，曾长期流传着这样一个说法："南有吴汉东，北有郑成思"，作为中国知识产权奠基人之一的郑成思先生常和学生说的一句话是："取得这样的成就，我没有天赋，也不是天才，我下的是死劲。"

母鸡的职场感悟

小黄鸡问母鸡:"妈妈,今天您可不可以不下蛋,带我出去玩啊?"

母鸡道:"不行,我要工作!"

小黄鸡说:"可您已经下了这么多蛋了!"

母鸡意味深长地对小黄鸡说:"俗话说'一天一个蛋,菜刀靠边站,一月不生蛋,高压锅里见。'孩子你要永远记住,存在是因为你创造价值,淘汰是因为你失去价值。"

小黄鸡问妈妈:"妈妈,那为什么咱们村小花鸡的妈妈不用每天下蛋还没被杀呢?"

母鸡道:"孩子,那是因为小花鸡的妈妈会打鸣啊,最主要的是她还申请了《一种母鸡打鸣的方法》的专利进行保护,我们不敢模仿啊!"

| 知识产权经济学启示 |

人生的意义在于创新,生命不息,创新不止,创新无止境,勇于挑战不可能,矢志不移地自主创新,并将自主创新成果用知识产权进行保护,将主动权把握在自己的手中!在技术变化日新月异的今天,即使拥有自主知识产权,也不能靠吃老本坐吃山空,需要不断地学习和创新。

专利小姐的征婚启事

中国专利法自 1985 年 4 月 1 日颁布实施，截至 2018 年底已有 33 年，也产生了 2000 多家注册代理机构，这些代理机构就是专利的衣食父母，看到自己的宝贝"女儿"至今仍待嫁闺中，难以出嫁，甚为着急，集体发言献策为女儿征婚。

《征婚启事》

在那个"华专"改革开放的"新纪元"，召开了一场"贸促会"，号召大家"远创理想"，在一个"三聚阳光"的好日子里，蓟门桥的大夫用"东方神剑"剖开了"金杜"，取出了我们的女儿"万贝"，通过"天平"称量，体重 4.1 "千克"，我们把她的"大铭"叫作专利！

我们的女儿专利外貌"奇美"，五官"标致"，气质"风雅颂"，"智力""益都慧"，还"善思"爱学，"瑞思"创新，"知书"答礼，绘画师从"大千"，本科毕业于"清亦华"，"铭硕"毕业于北大"光华"，"高博"师从郑成思老师。

工作后我们的女儿专利业务"集佳"，喜欢演讲"说文"，同时也是"金笔"杆子，研究成果位列行业"前沿"，被评为"高端"人才，逐渐成为单位的"中流"砥柱。

最近发现我们的女儿开始顾"棱镜""尚仪"，偷偷地画自己心目中的"快马"王子，实事"求是"地讲，我猜测我们的女儿是想要踏上婚姻的"金之桥"了！

哦，差点忘记介绍了，我女儿在北"三环"有"金栋"，有"博派"变形金刚汽车一部。

我们想为女儿找一个"中一"的男朋友，青春洋溢有"力量"，满面笑容能"天悦"，不求有"金栋"，不求黄金钻戒等"有色金属"，不求"细软"多多，但求男孩能"智信四方"，志向"骥驰"万里，能够"知义"明理，做人"金言诚信"，做事"德高行远"，说话一言"九鼎"，先言人品"再言智慧"，做学问独具"一格"，不断努力"攀腾"高峰，争取以后事业"大成""泛华伟业"。

作为正宗的北京人，我们的女儿喜欢喝"三元"牛奶，喜欢穿新"百伦"，喜欢滚铁"中环"，喜欢吃烤"双鸭"，喜欢"都知""交圈"（豆汁、焦圈），希望男孩在爱好上能"辅君"，口味上培养共同"品源"！

我们的女儿喜欢"环球"旅游，你们可以乘着"成飞"号飞机，牵着"冰狗"，旅行"四方"：可以去"天江"乘"银龙"，"共达"爱河；可以去"泉城"看趵突泉，一起"愉腾"；可以去"鸢都"放风筝，翱翔"展翼"；可以去英伦游"康桥"，认识"精英"；可游览"凯旋"门，"知法"懂法国；可在"华专卓海"纵游，体验"海天"一色，当然别忘了带"智南针"导航！

我们希望你们能通过旅游，感情"递进"，成为真正的"知己"，"华谊"天长地久，最后爱情事业"双收"！

一旦你们结出爱情的"金硕果"，共结"佳盟"，必当以"青松"为证，天与"君合"，"亿诺"千金，"天达"地久。作为"金岳"，我希望结婚"宣言"是：同心"合德"、"连城创新"、"永新同创"、爱情"长远"！我们2000余位父母将"鼎力"支持你们的婚礼，选一个"隆天"，在"五星"级的"五洲"大酒店设1314桌婚宴款待。

有"中意"者请发微信至"金讯"，或E-mail"博讯"，或寄来"康信"，抑或拨打"国电"热线"12330"。

| 知识产权经济学启示 |

你能从上述的段子中找到你熟悉的专利代理机构的名字吗？我国地大物

博，人口众多，资源丰富，有上下5000年……有2000多家专利代理机构，我国专利代理机构从1家到1000家，用了将近28年；而从1001家到2000家，只用了4.5年。随着新的《专利代理条例》发布，国家还要继续降低行业的准入门槛……不过有一点可以确信的是，代理机构越来越多，那么以后机构的名字一定越来越难取。

2017年，林炮勤先生总结出了代理机构名称的28个高频字，并用其组成了《代理所起名七言绝句》：

> 智科华天信中创；
> 联达诚博新合方；
> 恒金知汇东和大；
> 德成永慧正睿翔。

商标先生的求爱历程

商标先生和自己的女朋友相处多年,准备求爱了,自己制定的求爱步骤如下:

步骤一:商标先生向女朋友表白——提交申请;

步骤二:商标先生殷勤献爱,让女朋友了解情况——官网网审材料;

步骤三:商标先生是个阳光青年,女友接受交往——受理回执单;

步骤四:商标先生被女友带回家见家长——前后置审批;

步骤五:商标先生接受丈母娘考验——商标是否驳回。

丈母娘考验如下:

这商标先生初次见面表现不错但还需继续考验——驳回复审;

重重考验,商标先生赢得丈母娘欢心同意交往——驳回复审成功;

反之,商标先生由于表现不佳家长不同意——驳回复审失败了。

继续交往:

步骤六:商标先生抱得美人归,直接领结婚证——取得商标证书!

步骤七:十年后,商标先生与妻子对婚姻满意,可再续十年!

| 知识产权经济学启示 |

品牌或品牌的一部分在政府有关部门依法注册后,称为"商标"。商标受法律的保护,注册者有专用权。注册商标是在政府有关部门注册后受法律保护的商标，未注册商标则不受商标法律的保护。

国内的申请人申请商标注册或者办理其他商标事宜，有两种途径：一是自行办理；二是委托依法设立的商标代理机构办理。外国人或者外国企业在中国申请商标注册和办理其他商标事宜的，应当委托依法设立的商标代理机构办理，但在中国有经常居所或者营业所的外国人或外国企业除外。香港、澳门和台湾地区的申请人参照涉外申请人办理。

国内自然人直接办理商标注册申请时应当提交以下文件：按照规定填写打印的《商标注册申请书》并由申请人签字、商标图样、个体工商户营业执照复印件、自然人身份证复印件、经办人身份证复印件等。

国内法人或者其他组织直接办理商标注册申请时应当提交以下文件：按照规定填写打印的《商标注册申请书》并加盖申请人公章、商标图样、身份证明文件复印件、经办人身份证复印件等。

具体流程见下图：

商标注册流程简图

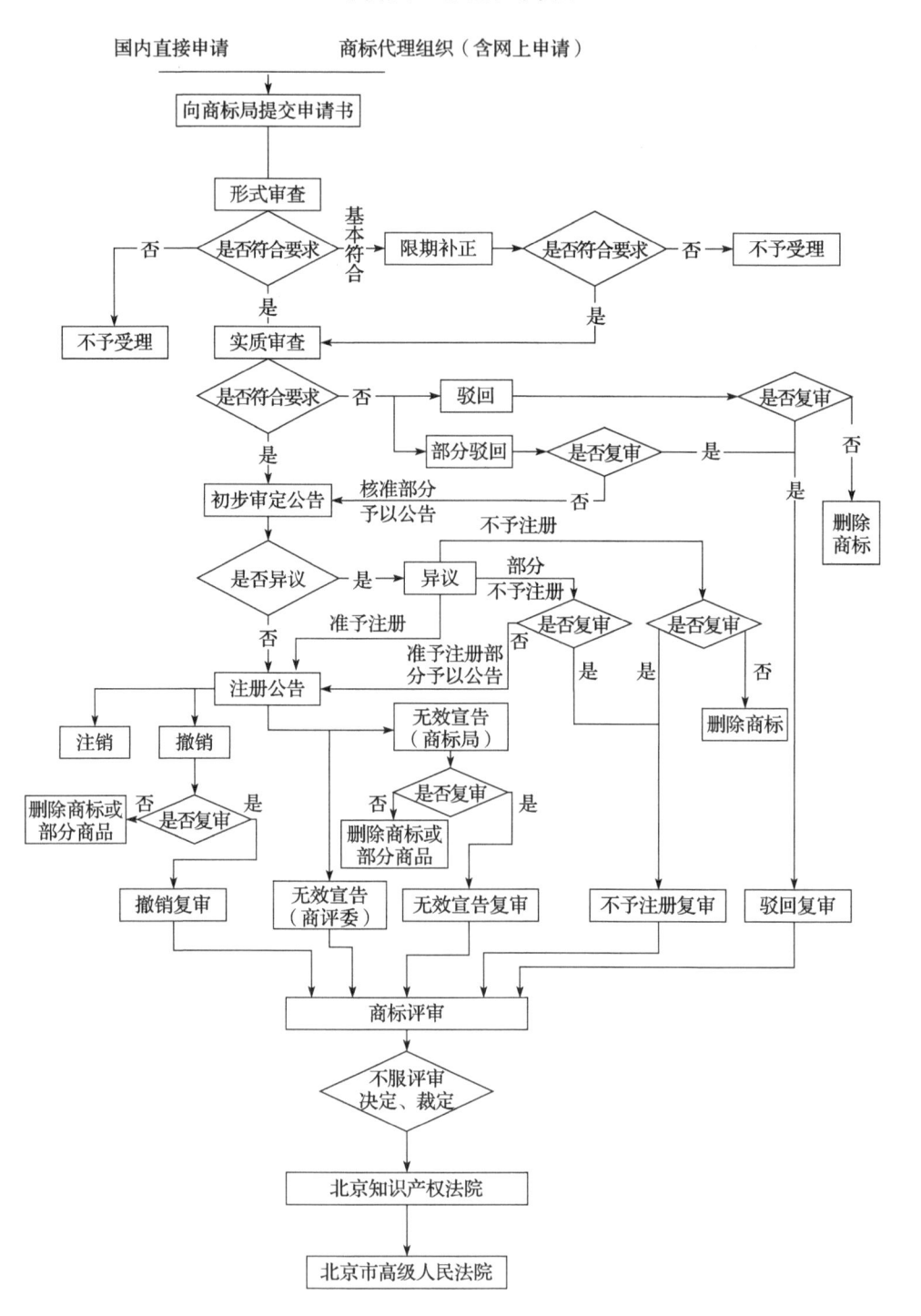

中国祖先发明的无线电

在世界通信技术博览会上,一个意大利人和一个中国人在争夸自己的祖先。

意大利人说:"前几天,在罗马的地下发掘出电线了,这说明早在公元前9世纪的古罗马已经发明了电话。"

中国人说:"哼,你知道昨天在河南省安阳市的殷墟发现了什么吗?"

意大利人说:"不知道。"

中国人说:"告诉你,什么也没有。"

意大利人惊奇地问道:"什么也没有?"

中国人说:"是的,这证明我们的祖先早在公元前16世纪的商朝已发明了无线电!"

| 知识产权经济学启示 |

中国的历史源远流长,对于世界文明和科技进步的贡献也是显而易见的,但是我们不能躺在祖先的功劳簿上睡大觉。

改变现代历史进程的指南针、造纸术、印刷术和火药四大发明是中国发明的,那为什么中国没有在近代工业革命中走在前列?英国学者李约瑟研究中国科技史时就提出了所谓的"李约瑟难题":尽管中国古代对人类科技发展做出了很多重要贡献,但为什么科学和工业革命没有在近代中国发生?

或许可以从以下三个方面找找原因:

首先,古代中国的统治者一向"重文轻工""重农轻商",所谓技术一直就是奇技淫巧,得不到应有的重视。

其次，从民间看，一些科技一般通过家传、授徒等方式，通过限定传播范围对各种技术进行"技术秘密"保护，但是仅为民间保护，其推广程度是极其有限的。

第三，也是最主要的原因，是因为中国没有推出专利制度来促进发明创新，而现代科技的起源地英国却率先建立了鼓励创新和技术发明的专利保护制度！1624年英国颁布的安娜法，是全世界第一部专利保护法，随着安娜法的颁布，科技发明开始大量涌现，英国经济出现持续增长，并引发了第一次工业革命。

美国于1790年颁布了美国第一部专利法，正像美国著名总统林肯预言的那样："专利制度就是给天才之火添加利益之油"。正是由于这部专利法的实施，给发明创造之火添加了精神和物质的利益之油，使美国涌现出了一批像爱迪生、爱因斯坦这样的天才发明家，也使美国成为世界上的专利大国，它每年专利申请量约占世界总量的五分之一。正是由于美国成功的实施了专利制度，使一个仅有200多年历史的年轻的国家发展成为当今世界拥有最先进技术和经济实力极强的国家。

日本虽然是资本主义发展较晚的国家，但是在专利制度的保护下，日本大量地从国外引进先进技术，并在此基础上积极开发国内技术。成功的专利发展战略，使日本成为当今世界上专利拥有量最多的国家，每年专利申请量超过50万件。由于日本成功地实行了专利制度，极大地推动了技术革命和产业革命的发展，仅仅在一个世纪之内，日本便后来居上，在世界市场上具有了强大的竞争能力，成为当今世界最具实力的经济大国和技术大国之一。

熟练掌握专业技术的重要性

小智从高一开始苦追一个姑娘 7 年,到了大学毕业终于开口向姑娘表白。

姑娘用英文发了一段话给他:"If you do not leave, I will in life and death."

小智找朋友翻译,朋友翻译为:"要不你离开我,要不我和你同归于尽。"

小智伤心欲绝,从此再也没有和她联系!

后来,小智上了研究生,英语过专业 8 级了,才知道那句话的意思是:"你若不离不弃,我必生死相依!"

可是姑娘已经嫁人了。

小智后悔莫及……

小智感慨道:"熟练掌握专业技术是多么重要啊!"

|知识产权经济学启示|

归纳而言,段子中小智追求失败的原因在于两点:自己的业务能力不够;没有问对人,专业的事情必须要找专业的人去做。

知识产权服务也是一样。有的申请人为了省钱,自己大包大揽或者找不专业的团队去做知识产权的申请业务,结果不但知识产权没有申请成功,反而因为公开了自己的技术被对手仿制成功甚至超越,失去了已有的市场空间。

一般而言,要想做一个足够专业的知识产权从业者,应具有以下几方面的专业知识和能力:

(1)具备知识产权专业各学科(专利、商标、版权等)的基本理论和基本知识；

（2）掌握某一知识产权专业知识和专业技能，同时具备法学一般分析方法和技术；

（3）了解知识产权发展的前沿动态和知识产权发展的趋势；

（4）熟悉各国知识产权法律体系和相关政策体系及普通法律体系和政策；

（5）运用知识产权知识解决和处理知识产权撰写、诉讼和管理问题的能力；

（6）掌握专利和商标检索、资料查询的技能和方法，同时具有一般文献检索、资料查询的基本方法，能尽快解决文献检索和查询的问题，并能够提出切实可行的操作建议。

马三立告诉你：知识产权布局的诀窍

小智从事知识产权代理行业多年，有一个问题也一直困扰他多年。

总有朋友问他：专利技术交底书怎么写？专利文件中权利要求的独立权利要求和从属权利要求怎么区分？什么是专利布局？

开始小智给他们解释半天他们不懂，后来他听了相声大师马三立先生的相声《家传秘方》后，借用这个相声来举例，大家一下子就都明白了……

这一段传统相声说的是，有个胖子因为泡澡得了皮肤病，从天桥手艺人手里买了一个"治瘙痒的家传秘方"，号称能治长疖子、长疮、蚊子叮、身上刺挠、痒痒，还声称"不灵不要钱"。胖子高价买回家，打开一看，里面是个红纸包，再打开，是个黄纸包，再打开是个黑纸包，再打开是个绿纸包，再打开是个白纸包，一共七层，最后终于到底了，一看，是一张金纸，上面有两个字——"挠挠"。

把这个故事用专利语言进行表达，其实是这样的：

假如请一个专利代理人，根据其技术交底书，如果写成专利的形式，权利要求的主题名称是"一种治瘙痒的家传秘方"，独立权利要求就是那两个字"挠挠"，从属权利要求是红、橙、黄、绿、蓝、白、黑那七层纸。

假如请一个专利律师，他会同技术人员进行一些改进，把"挠挠"改成"一种对瘙痒的按摩治疗方法"，再加上一点草药、工具、临床数据之类的，形成一些公开渠道无法获得的"技术要点"，也就是行话所谓的"秘密点""必要技术特征"，那可能就属于一个撰写质量比较高的核心专利了。

假如请一个专利咨询师,他会建议你针对七层的包装纸,分别撰写七个外围专利对核心专利进行保护,并建议你以此为优先权,到欧美等居民易患皮肤病且知识产权保护力度大的国家进行专利申请,那就是一个比较完善的专利布局了。

| 知识产权经济学启示 |

这个段子除了告诉我们沟通专业性问题的技巧之外,还告诉我们:"专业的人干专业的事",为了让自己的技术获得最合适的保护范围,企业在专利撰写时最好找专业的专利代理师。

为了帮助专利申请委托人获得专利授权,专利代理师需要具备技术领悟能力、逻辑分析能力、文字表达能力和语言沟通能力,通过撰写申请书、对审查员的意见进行答辩、修改说明书和权利要求书等一系列工作,最终帮委托人获得专利授权。

这也意味着,一个好的专利代理师、专利律师和专利咨询师,除了要懂各种法律外,知识结构还要全面,具体地需要渗透至机械、电子、医药、计算器等诸多领域,还需要具备很强的自学能力,可谓"天上的知道一半,地上的要全知,即使不懂也要马上能学。"

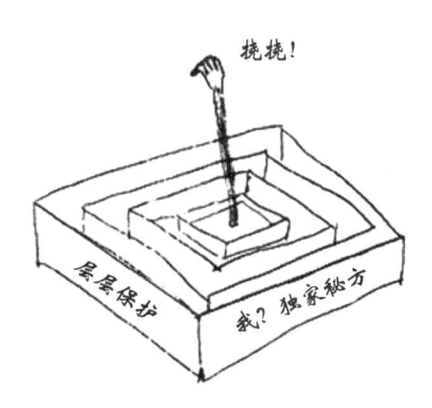

杞人忧天的代理师

一位代理师代理了一个鸭子养殖场的专利案子。

在与客户聊天时,代理师忧心忡忡地问客户:"雾霾、全球变暖、地震、海啸等自然灾害不断,人类将何去何从啊?"

客户笑而不语,拿出一个生鸭蛋一个咸鸭蛋,将蛋分别砸在代理师头上。

代理师马上说:"你要干什么?疼!"

客户忙问:"生的和咸的哪个比较疼?"

代理师答:"咸的疼!"

客户笑道:"闲得疼还不抓紧写我的案子去!"

| 知识产权经济学启示 |

故事中这个客户不尊重人的态度不可取,但是作为服务行业的专利代理师,对待客户最主要的态度,就是"想客户之所想,急客户之所急",理解技术方案踏踏实实地做好手中的案子撰写和答复工作,而不只是将"客户就是上帝"挂在嘴边。

对于知识产权服务行业而言,截止到2018年底,全国已经有2000多家专利代理公司、上万家商标代理公司,市场竞争是非常激烈的。服务客户不止是客服该做的事情,专利代理师也应该时刻以客户需求为中心,主动学习、了解相关技术,做好检索、分析、撰写、答复、复审等工作,站在客户的立场上去思考问题、解决问题,满足客户特定的需求,维护和保证客户的利益。这样才能赢得口碑,同时自己也能通过学习不断进步,获得更好的职业成长。

第 1 章　IP 概念经济学 / 021

品牌的价值所在

成本价为 10 元的产品，卖 11 元，这叫批发；

成本价为 10 元的产品，卖 100 元，这叫品牌；

成本价为 10 元的产品，卖 200 元，这叫著名品牌；

成本价为 10 元的产品，卖 1000 元，这叫奢侈品；

成本价为 10 元的产品，卖 10000 元，这叫高端定制奢侈品。

| 知识产权经济学启示 |

可口可乐创始人艾萨·坎德勒曾经说过："假如今天可口可乐所有财产突然化为灰烬，只要我还拥有可口可乐这个品牌，我就可以肯定地向大家宣布：半年后，市场上将拥有一个与现在规模完全一样的新的可口可乐公司。"这就是品牌的价值所在！

品牌价值是品牌管理要素中最为核心的部分，也是品牌区别于同类竞争品牌的重要标志。全球首席战略大师——哈佛大学教授迈克尔·波特在其《定位》一书中提到：品牌的资产主要体现在品牌的核心价值上，或者说品牌核心价值也是品牌精髓所在。奢侈品是顶层的品牌价值运营，它不仅是提供有形价值的商品，更是提供无形价值的商品，对奢侈品而言，它的无形价值往往要高于可见价值。

一个产品通过打造品牌价值，能够增强顾客对相关产品广泛持久的信赖，增加顾客重复购买的频率和购买种类，可以促进品牌声誉的价值溢出，促进品牌资产的扩张，并可以建立竞争对手进入的有效屏障。

创业中的商标故事两则

漫漫往事俱往矣，数风流人物，还看今朝——

阿姨在饭店洗碗，后来专门开了个洗碗店，店名叫：瓷洗太后。

隔壁补车胎的师傅见了，给自己的修车铺取了个名字：拿破轮。

电焊工听说了受到启发，也给自己的店铺取名为：焊武帝。

对面糖果店老板感慨万分，给自己的店铺取名：糖太宗。

不远处切糕店的老板跑出来指了指自己的店名：汉糕祖……

在"大众创业、万众创新"的口号下，国家部委的员工辞职下海的也不在少数，他们下海不忘老东家，位卑未敢忘忧国——

知识产权局的前员工开了家鲜榨果汁店，起名"果汁局"。

专利局的前审查员开了个茶馆，起名"审茶苑"。

商标局的前审查员开了个养猪场，起名"上膘局"。

水利部的前员工开了个美容店，起名"水丽补"。

教育部的前员工开了个钓鱼场，起名"教渔捕"。

发展改革委的前员工开的美发店，起名"发改委"。

气象局前员工由于上班地点离动物园很近，天天中午去动物园遛弯，辞职后开了个专门训练大象的马戏团，叫作"气象局"。

| 知识产权经济学启示 |

商标具有强烈的地域性保护特征和通过使用增加显著性的特征，这意味着企业可以通过注册商标来树立和保护企业品牌，可以通过持续地使用注册商标来增加其显著性，加大企业产品或服务与其他同类产品或服务之间的区别，使消费者记住、认可，得到投资人的青睐。

因此，商标起名时，好多人或企业愿意蹭热点，比如历史名人、国家部委、知名建筑的名字等。《商标法》第10条第1款第（1）项规定中央国家机关的名称不得作为商标使用，第（8）项规定有害于社会主义道德风尚或者有其他不良影响的不得作为商标使用。自2017年3月1日起施行的《最高人民法院关于审理商标授权确权行政案件若干问题的规定》，对第（8）项的"其他不良影响"规定：政治、经济、文化、宗教、民族等领域公众人物姓名不能注册为商标。

包师傅的商业秘密

包密是一个知名杂技团的丑角儿，翻跟头特别好，从来没有失误过，而其他的丑角儿却总是难免出现翻跟头时帽子掉了的失误。可是包密从来不透露自己的诀窍，哪怕喝醉了酒也守口如瓶，因此大家都戏称包密为"保密师傅"。

包师傅有个徒弟小智，很想学这招翻跟头不掉帽子的绝活儿，但无论小智如何献殷勤，包师傅也不为所动。

小智就转而向师娘大献殷勤，经常买点心、水果孝敬师娘。

时间一长，师娘经不起诱惑，就告诉了小智，"你包师傅之所以能翻跟头从不掉帽子，道理其实很简单：他翻跟头时总是咬紧牙关，人一旦咬紧牙关，头是会变大的，这样帽子就不会掉了。"

包师傅晚上回家，听到妻子传授徒弟小智窍门的话后，叹了一口气说，"小智的点心和水果咱们算是吃到头了，今后不会再有了，这就是所谓的'教会徒弟饿死师傅'啊！"

果不其然，包师傅的绝活学到手了，徒弟小智的点心再也不送了，并逐渐取代包师傅成了杂技团的"扛把子"。

| 知识产权经济学启示 |

该故事中，包密的诀窍教给徒弟后，自己的优势就荡然无存了，因为好多诀窍都只隔着一层窗户纸，一旦戳破了就很容易被破解。秘密，一般包括商业秘密、技术秘密和经营秘密等。

商业秘密（know-how），是指不为公众所知悉、能为权利人带来经济利益，具有实用性并经权利人采取保密措施的技术信息和经营信息。商业秘密是企业的财产权利，它关乎企业的竞争力，对企业的发展至关重要，有的甚至直接影响到企业的生存。商业秘密作为知识产权的一个组成部分，具有秘密性、保密性、价值性、实用性和新颖性等特点。从企业经营的角度上分析，商业秘密可分为技术秘密和经营秘密。

技术秘密主要是指凭借经验或技能产生的，在工业化生产中适用的技术情报、数据或知识，通常包括产品配方、工艺流程、技术秘诀、工业设计、操作规程、试验数据和记录等，其载体表现为图纸、计算机程序、文字资料等，而且这些技术信息尚未获得专利等其他知识产权法的保护。

经营秘密亦称"行业秘密"，是指能为企业在同业竞争中取得优势地位、带来高于同业水平经济利益的，不为公众所知的经营者的销售、采购、金融、投资、财务、人事、组织、管理等相关的经验、方法、情报和资料。包括企业尚未公开的具有秘密性质的经营策略方案、企业的发展规划、商业经验、财务报表、客户名单、销售合同和资源配置等。

1959年6月12日，时任法国总统的戴高乐来到米其林轮胎工厂参观时，为了保守公司秘密，公司老板弗朗索瓦竟然让戴高乐总统一行在门外等候了好长时间，最终也没让总统参观生产线，米其林公司宁可得罪总统，也要规避知识产权秘密泄露的风险，将自己的商业秘密"藏于九地之下"的做法让人钦佩。

杨修之死的"真正"原因

建安二十四年（公元219年），就在曹魏集团和刘备集团在争夺汉中市场僵持不下之时，曹魏集团的办公室主任杨修却因一句"鸡肋"丢了性命，而在此之后杨修便成了"聪明反被聪明误"的代名词。

对杨修的死，《三国演义》中解释为："原来杨修为人恃才放旷，数犯曹操之忌"，罗贯中一针见血地指出，杨修之死与他的"恃才"和"犯曹操之忌"有关。

众所周知，曹操是个非常爱才的人，他杀掉杨修真正的原因是什么呢？

其实，杨修之死，是死于他一而再再而三地"看穿"曹操，让曹操觉得没有安全感，没有秘密可言。曹操作为曹魏集团的总裁，本就天性多疑，而在杨修面前就成了没有商业秘密的人。

而商业秘密对一个集团公司的总裁来说是很重要的：

一是因为，可以满足自己"显摆"的需要，要显得自己在战略上很高深，下属谁也看不穿，只要按照自己的指示去执行就行；

二是因为，到总裁这个位置，难免都有些秘密不想让人知道；

三是因为，涉及一些企业战略大计，为了防止泄密后被竞争对手知悉，总裁只希望越少人知道越好。

| 知识产权经济学启示 |

商业秘密对一个企业的经营发展而言是十分重要的，如果是重要的商业机密一旦泄露将会对公司造成不可估量的损失。企业在经营过程中，如果出现商业秘密被侵犯的情形，应视不同情况，分别向不同部门寻求法律保护，主要有以下四种途径：

（1）向仲裁机构申请仲裁解决。

企业的商业秘密被侵犯，如果此前该企业与侵权人之间签订了合同，并且双方自愿达成仲裁协议的，可依据《仲裁法》向双方仲裁协议中约定的仲裁机构申请仲裁。

企业与员工（包括离职员工）之间因商业秘密引起的纠纷，或签订劳动合同的职工期限未满擅自跳槽，带走企业商业秘密侵犯企业利益的，企业可依据《劳动争议处理条例》向当地劳动争议仲裁委员会申请劳动仲裁。对仲裁裁决不服的，可以在十五日内向人民法院起诉。

（2）向工商行政管理部门投诉。

企业的商业秘密被侵犯，可以向县级以上工商机关投诉，并提供商业秘密及侵权行为的有关证据。工商机关的处理周期短，可以快速制止侵权行为，而且不收费，成本低。但是，工商机关只对侵权人进行行政处罚，不对侵权赔偿作裁定，只进行调解。工商部门制作行政处罚决定书后，权利人可以根据处罚决定书向法院起诉，要求侵权人给予赔偿，行政处罚决定书具有法定的证据效力。

（3）向人民法院提起民事诉讼。

企业的商业秘密被侵犯，可以直接向人民法院提起民事诉讼。向人民法院起诉的，要弄清人民法院的管辖范围，一般应向被告所住地人民法院或侵权行为地人民法院起诉。订立合同的，应向被告所住地或合同履行地人民法院起诉。

（4）刑事诉讼程序。

侵犯商业秘密行为构成犯罪时，企业应向公安机关报案，由公安机关立案侦查，由检察院向同级人民法院提起公诉。对于犯罪行为尚未对社会秩序和国家利益造成严重危害的案件，企业可以自行向法院提起刑事自诉。在刑事公诉或自诉程序中，权利人可以提起附带民事诉讼，要求被告人赔偿自己遭受的损失。

在寻求保护的过程中，企业需要提供相关证据：首先，要证明企业是商业秘密的合法权利人，可以是所有人，也可以是被许可使用的人；其次，要清楚界定保护的商业秘密内容，便于执法机关、司法机关进行认定和裁判；再次，要证明侵权人所使用的信息与企业商业秘密具有一致性或者相同性；最后，要证明侵权人有获取商业秘密的条件或可能，比如曾是企业员工，或曾有过合作关系等。

神秘的可口可乐新配方

帅哥小智和美女小财在大学相知相恋，毕业后都从事知识产权工作，最近终于决定结婚了。

婚礼定在 4 月 26 日世界知识产权日那天，喝交杯酒是婚礼上最热闹的时候，也是体现一对新人最恩爱的时刻。

小智和小财交杯酒用的是可口可乐，喝的时候两位新人没有控制住自己的眼泪相拥而泣，把全场的宾朋也感动得稀里哗啦的，纷纷发朋友圈感慨两位年轻人的感情好……

只有作为新郎新娘的小智和小财知道，他们的可口可乐中添加了独家秘方：芥末！

| 知识产权经济学启示 |

可口可乐公司成立于 1892 年，是全球最大的饮料公司，拥有全球 48% 的市场占有率，可口可乐之所以有如此大的成就和竞争力，很大程度上在于它神秘的 "7X" 配方。当然，可口可乐的神秘配方中不包含段子中所提到的芥末。

一直以来，可口可乐将其产品配方以商业秘密的形式进行保护，对于可口可乐来说，保住秘密，就是保住市场。可口可乐配方的保密措施如下：

（1）保密意识，深入人心。为了保住这一秘方，可口可乐公司享誉盛名的元老罗伯特·伍德拉夫在 1923 年成为公司领导人时，就把保护秘方作为首要任务。

（2）单本留世，严密封存。原始的配方只有单本留存于世，它被锁存在佐治亚信托公司的地下保险库中。

（3）关键配料，三人分管。事实上，可口可乐的主要配料是公开的，但是，其核心技术是在可口可乐中占不到1%的神秘配料"7X"。这种配料由三种关键成分组成，这三种成分分别由公司总部的3个高级职员掌握，而且这三个人的身份被绝对保密。这三个人，除了自己知道的那部分，都不知道另外两种成分是什么。

（4）保密协议，严格遵守。三个分管关键成分的高级职员皆与可口可乐公司签署了"决不泄密"的协议。

（5）查询程序，极端烦琐。如果有人提出查询这一秘方，必须先提出书面申请，经公司董事会正式投票同意，才能在有官员在场的情况下，在指定的时间内打开。

（6）对外交易，同样保密。在与合作伙伴的贸易中，可口可乐公司只向合作伙伴提供半成品，获得其生产许可的厂家只能得到浓缩的原浆，以及将原浆配成可口可乐成品的技术和方法，却得不到原浆的配方以及技术。

欧洲的食品专家们经过长期的研究，认为"7X"的组成包括：糖、碳酸水、焦糖、磷酸、咖啡因等，另外还包括野豌豆、生姜、含羞草、橘子树叶、古柯叶、桂树和香子兰皮等的提炼物或过滤物。

但是可口可乐公司一直对此保持沉默。

在发明了神奇药水之后的130多年里，可口可乐通过牢牢"瞒"住技术秘密结合不断创新的市场策略将产品价值发挥到极致，通过营造的神秘感，甚至让消费者达成一种共识：这神秘的不知道配方的可口可乐的味道就是所谓的美国味道。

妻子身材与可口可乐的关系

派对上,小智和他的美国老朋友 IP 在谈论自己妻子的身材。

小智:"婚前,她身材玲珑浮凸。"

IP:"婚前,她身材像个可口可乐瓶子。"

小智:"生完孩子后,她变得像个水桶。"

IP:"生完孩子后,她身材变得像个可口可乐的罐子。"

小智:"我爱她同时我也熟悉她,她就是化成灰我也认识她。"

IP:"我爱她同时我也熟悉她,她就是像可口可乐瓶子一样碎成渣我也能一眼就分辨出来❶。"

| 知识产权经济学启示 |

1898 年,鲁特玻璃公司(Root)一位年轻的工人亚历山大·山姆森在同女友约会中,发现女友穿着一套筒型连衣裙,显得臀部突出,腰部和腿部纤细,身材窈窕曲线柔美,非常好看。约会结束后,他突发灵感,根据女友穿着这套裙子的形象设计出一个玻璃瓶。经过无数次的反复修改,不仅将瓶子设计得非常美观,他还把瓶子的容量设计成刚好一杯水大小,而且使用非常安全,易握不易滑落。瓶子试制出来之后,有经营意识的亚历山大·山姆森立即到美国专利局申请专利,并经由美国装瓶商协会认可成为标准包装瓶。

---

❶ 可口可乐公司对弧形玻璃瓶的设计要求是:这款瓶子必须特征明显到在黑暗中仅仅凭借触摸便可以分辨,甚至摔碎了后,看到在地面上散落的碎片,也能凭借局部分辨出这是可口可乐的瓶子。

当时可口可乐的决策者坎德勒在市场上看到了亚历山大·山姆森设计的玻璃瓶后,认为非常适合作为可口可乐的玻璃瓶包装。经过一番讨价还价,最后可口可乐公司以600万美元(购买力约相当于现在的4.8亿美元)的天价买下此专利。

这种曲线瓶子给人以窈窕、婀娜、甜美、柔和、流畅、爽快的视觉和触觉享受,让人感觉这种造型完美的瓶子"女人味十足"。更令人叫绝的是,其瓶型的中下部是扭纹型的,如同少女所穿的条纹裙子;而瓶子的中段则圆满丰硕,如同少女的臀部。此外,由于瓶子的结构是中大下小,当它盛装可口可乐时,给人视觉上感觉比实际的容量更多。

当时,可口可乐正受到竞争对手百事可乐的冲击,市场销量一直徘徊不前。1915年,采用亚历山大·山姆森设计的玻璃瓶作为可口可乐的包装以后,可口可乐的销量飞速增长,在两年的时间内,销量翻了一倍。从此,采用山姆森玻璃瓶作为包装的可口可乐开始畅销美国,并迅速风靡世界,为可口可乐公司带来了数以亿计的回报。

一个小小的瓶子,竟然对可口可乐产生了这么大的作用。如果当时瓶子的设计没有申请专利,大家都去仿制,效果自然不一样。

1915年11月16日,弧形瓶模具申请了专利。

1923年12月25日,由于之前的专利权保护过期,可口可乐公司又重新为弧形瓶申请并获得了专利权,并刊发在《官方公报》(*Official Gazette*)上生效,这种带有在圣诞节当天申请的新专利的弧形瓶后来被称为"圣诞瓶"。

1957年,制瓶技术的进步使得专利技术——"应用颜色标签技术"(ACL)取代了将可口可乐标记凸刻在玻璃瓶上的做法,白色的ACL字体使得瓶体更为干净,也使得可口可乐的标志更容易被消费者认出。

1960年4月12日,弧形瓶的商标权申请终于获得了批准,从此可以获得无限期的保护。

1963年,"Coke"商标首次出现在弧形瓶上。

2008年左右，凭借与其他产品在外观上能够做出明显区隔和辨别，可口可乐在美国、俄罗斯、中国等数十个国家获得了可乐瓶的立体商标。

源自"美人"的可口可乐弧形瓶已经问世100多年，它始终作为世界上最受欢迎的、与其他产品截然不同的、富有创意的饮料包装，打动着一代又一代消费者的心。同时，可口可乐公司通过专利保护和商标保护，一直牢牢地把控着"美人"弧形瓶的全球独享权。

可口可乐的命名

美国汽水品牌 Coca Cola，也就是可口可乐，以前有个特别奇怪的中文用名，你知道叫什么吗？

A. 蝌蝌啃蜡　　　　　　　　B. 蝌蝌啃腊

C. 蝌科肯蜡　　　　　　　　D. 蝌蝌肯蜡

答案是：A

| 知识产权经济学启示 |

1935 年，美国汽水 Coca Cola 进入中国市场，古怪的味道，加上古怪的名字"蝌蝌啃蜡"，这种饮料的销售情况自然很差。于是，在第二年，这家饮料公司公开登报，用 30 块大洋（350 英镑）的奖金悬赏征求译名。最终，来自中国上海的蒋彝教授击败了所有对手，拿走了奖金。而这家饮料公司也获得了迄今为止被广告界公认为翻译得最好的品牌名之一——可口可乐。它不但保持了英文名的音译，还比英文名更有寓意，不但符合英文名 Coca Cola 的双声叠韵、朗朗上口，而且"既可口又可乐"，音义皆美，远胜过英文名中的 Coca 和 Cola 仅仅是两种植物的名称。"可口可乐"的名字，对于这种汽水在中国的风行，实在是功不可没。随后而来的 Pepsi Cola 步人后尘，最终采纳"百事可乐"的中译名，也是一音义俱佳的美译，"百事大吉大利"。这两种品牌的中译名颇合中国人喜欢美味、期望吉利美满的心理，让人"望文生爱"，使得这两种汽水能够抓住、占领中国消费者的心。

一个产品如有朗朗上口且寓意深远的商标品牌名称，能够助力企业快速发展。好的品牌名字就像钩子，会牢牢挂在潜在顾客心目中产品的排位表上，在品牌定位的时代，给产品起个好的名字很关键。企业对自己使用的产品名称通过商标注册，确保商标注册人享有用以标明商品或服务，或者许可他人使用以获取报酬的专用权，而使商标注册人及商标使用人受到保护。

国产新药的"专利"

药店里。

推销员:"这是我公司最新研制的,具有最多专利技术的新药——伟嫂!"

顾客:"哦,都有哪些专利和创新呢?"

推销员:"瞧,无论是包装盒的图案,还是药瓶的尺寸,甚至就连药瓶里那团棉花的造型,全部都是由我公司研制出来的,而且全都拥有自主知识产权噢!"

顾客:"那药瓶里的那些药丸呢?"

推销员:"嗯……这个……,只有这些药丸是由国外生产的!"

| 知识产权经济学启示 |

掌握真正的核心科技,需要在研发上持续的投入,并将研发成果用知识产权进行保护,而不是简单地换包装。

对于药品而言,如果发现新的用途并申请专利进行保护,也能开拓一个新市场。1986年,辉瑞公司在英国三明治市的分公司发现一个治疗高血压(hypertension)的小分子化学药物,该药物能让血管的平滑肌细胞放松,从而增加血液的流速和流量,降低血压,是一种很好的治疗高血压的方法。在临床试验中,科学家们意外地挖掘出了该药物更大的用途:从可能治疗高血压到治疗心绞痛,到治疗男性性功能障碍,从而药物——伟哥(VIAGRA)诞生,辉瑞公司迅速申请了该药物的系列专利。在它刚上市的第一天,辉瑞的股票每股涨了8美元。上市的头两周,伟哥即占了市场份额的79%,上市后的第一年销售额突破了 10 亿美元，第二年的销售额达到了 18.79 亿美元。这使伟哥成为制药史上新药投放市场最成功的例子，也是药物史上卖得最快的药剂，同时也成为专利技术史上知识产权价值快速升级的典范之一。

地域决定职业

第100届全国农产品展销大会上,正在举行记者招待会……

记者小智提问道:"什么叫地域决定职业?"

专家小财说:"新疆人卖羊肉串,甘肃人卖拉面,宁夏人卖枸杞,西藏人卖虫草,云南人卖鲜花,山东人卖大葱,山西人卖煤炭,东北人卖大米,福建人卖茶叶,广西人卖米粉,江苏人卖螃蟹,北京人卖烤鸭,重庆人卖火锅,湖北人卖莲藕……"

记者小智又问:"如何令农产品增值?"

专家小财答:"让螃蟹去阳澄湖洗澡,让白酒去茅台镇旅游,让瓷器去景德镇镀金,让大米去五常取经……"

记者小智感慨:"原来这就是所谓的'镀金'啊!"

| 知识产权经济学启示 |

受到地理标志保护的农产品身价倍增,比如阳澄湖大闸蟹,为了保护真正的地理标志农产品,必须加大地理标志作为知识产权的保护力度。

地理标志产品的保护原则如下:

第一个基本原则是地域性原则。也就是说,一个地理标志如果在本国不受保护的话,它想在别的国家受到保护是不可能的;

第二是排他性原则。如果已经存在一个注册的商标,再申请注册原产地标志,就不应该被批准成为原产地标志,或者至少这个原产地标志不应该和已经注册的商标相冲突;

第三个原则是优先权原则。已经有一个在先商标,就不应该批准后面相似的一个地理标志。

当然,深化地理标志产品保护工作,需要各界加深对地理标志产品保护的认识和理解,真正把资源优势转化为经济优势,经济优势转化为可持续发展优势,从而促进农业农村发展、农民增收。

男女有别不如南北有别

小智和小权哥儿俩喝点酒后,一起讨论"喝酒到底能不能误事"这个议题。

小智说:"喝点酒没关系,只要别喝得分不清南北就行。"

小权听后,回道:"分不清南北不重要,但一定要分得清男女。"

小智说道:"其实,哪怕是喝醉了,南北方的人还是很容易分辨出来的。"

小智接着说:"说得对!这就是,为什么用'江南的女子,北方的汉'来描述江南的女子美丽、北方的汉子雄壮;为什么陕西形容人长得美有'米脂的婆姨、绥德的汉'之说;为什么宋玉的《登徒子好色赋》有'天下之佳人,莫若楚国;楚国之丽者,莫若臣里'之说的缘故吧……"

小权点头表示认可,说道:"正所谓一方水土养育一方人,人的外貌也与地域有关系,湿度和光照对于美女的养成至关重要。比如,重庆地区湿度大,所以女性皮肤好;江南女子无论身材还是面容,多为娇小玲珑型;北方女子因为光照充足,加上吃粗粮较多,身材匀称,五官长得比较端庄。"

| 知识产权经济学启示 |

不同地域的人有不同的美,这是共知,在知识产权领域,这种地域美指的是"地理标志"之美。地理标志是指标示某商品来源于某地区,该商品具有特定质量高、信誉好或者其他优良特征,经审核批准以地理名称命名的产品。

换句话说,企业如果生产获得地理标志认证的产品,如库尔勒香梨、阳澄湖大闸蟹、东阿阿胶、金华火腿、龙井茶、五常大米等，从销售伊始本身就悬挂着安全、健康、品质有保障、信誉靠得住等特点的标签，消费者可以放心地有的放矢地购买，产品自然也就畅销。

励志螃蟹洗澡记

"秋风起,蟹黄肥菊花开,闻蟹来。"

又到了吃螃蟹的季节,小智决定晚餐和女友一起吃清蒸螃蟹。

在超市里买螃蟹时,小智看到一只螃蟹拼命地从 19.8 元一只的"普通蟹"桶里向 199.8 元一只的"阳澄湖蟹"桶里爬……

小智感慨道:"这些螃蟹真是太有上进心了,真是逆袭的典型,真值得我辈学习!"

小智一时兴起,就花高价买了几只"上进蟹"。

从超市回家后,小智把刚刚买的四只螃蟹放在锅里,就发现有三只螃蟹对另外一只准备往外爬的螃蟹说:"你去把火关了,跟阳澄湖的湖水相比,这次的洗澡水有点烫了。"

小智目瞪口呆……

知识产权经济学启示

看到这个段子，令人想到一个词"洗澡蟹"，"洗澡蟹"是指蟹商将外地螃蟹贩运至阳澄湖，放到阳澄湖里浸泡一段时间，最后打捞上来冒充"阳澄湖大闸蟹"，所以它们有一个新称呼"洗澡蟹"，价格是普通螃蟹的十倍之多。

用非阳澄湖的螃蟹假冒阳澄湖大闸蟹，属于虚构事实对消费者进行欺诈，损害了消费者权益，这种假冒行为也损害了阳澄湖大闸蟹地理标志所有人的权益，属于不正当竞争行为，需要相关部门对这种侵权造假行为进行严厉的打击。

知识产权"砖家"的尴尬

一位知识产权"砖家"在某地调研农田水利设施的专利技术时,路过田间地头,看到两只乌龟在田边相对,一动不动。

知识产权"砖家"问在旁边观看的老农,说:"老乡,两只乌龟在干什么呢?"

老农白了知识产权"砖家"一眼,不屑地说道:"它们在比耐力,谁先动谁就输了。"

知识产权"砖家"掏出智能手机,点点划划了好大一会,然后指着一只龟壳上有甲骨文的乌龟说:"本专家经过仔细地专利检索,这只小乌龟上边甲骨文记录的专利已经过期2年零1天,证明它已经死了!"

大乌龟立刻伸出头来说:"我的孩子,快救救它!"

没料想,小乌龟突然伸出头来大笑说:"爸爸你输了吧,知识产权'砖家'的话你也听!"

| 知识产权经济学启示 |

真正的知识产权专家可以用自己的专业知识和经验积累为企业指点迷津,专家的意见应当在市场运营中有着一定的参考作用。

但是,现在知识产权的专家和总经理头衔一样满天飞,"知识产权专家库专家""知识产权导师""专利分析专家""专利布局专家""专利运营专家",等等,但是不少所谓的知识产权专家、科技成果转化专家就是用嘴皮子来谋生的一种职业"专家人",他们的专业技能是否经过了专业的学习及训练,他们的建议是否经得起实务考验，他们保守企业商业秘密的职业操守是否经得起考量，他们的专业标准是否可量化可执行，这些都不得而知。

这些所谓的专家被网友统称"砖家"，"砖家"不以求真知为目的，说话也不负责任，他（她）们最终目标就是利益，而相关监管的缺失，导致知识产权假专家的泛滥，主要体现在以下三个方面：

第一，这些所谓专家并无真才实学，只是因为媒体邀请，就信口雌黄。甚至为了使自己显得更像专家，而不惜伪造学历、工作经历等一切可以蒙蔽邀请方和受众的资料。

第二，一些专家本身是某一领域的专家，但需要评论的事项并非其所擅长的研究领域，只要与其所研究的领域有些许关系便以专家身份发表言论。例如，本来是需要商标领域的专业意见，却可能是一个专利领域的专家乱说一通。

第三，一些专家确实是专家，并非对所评论的事实不懂，但由于受特定主体所支配，就完全不顾客观事实，雇佣方需要什么就说什么。例如，有些专家为了获得经济利益，可以成为某些骗子公司的代言人。

高大上职业称呼背后的真相

（1）公司全系统物理安全保障专员——保安；

（2）世界500强大型外企工作，单位配车，负责与客户洽谈后期交易业务——KFC外卖员；

（3）平面生态理化环境资源整合专家——清洁工；

（4）类口腔神经末梢感应实验中心及绿色环保有机肥转换加工基地负责人——厨师；

（5）操控龙脉之走向，掌握巨蟒之命运——火车信号员；

（6）人类灵魂的工程师、太阳底下最光辉的职业——教师；

（7）物质能源常态化循环执行师——收废品的；

（8）世界互联网信息终端及人类信息科技部信息集成应用导师——网吧网管；

（9）资源管理系统终端信息员——仓库登记员；

（10）全球所有最领先的专利技术的缔造者——专利代理师。

| 知识产权经济学启示 |

2018年9月，国务院法制办公布《专利代理条例（修订草案送审稿）》将"专利代理人"称谓变更为"专利代理师"。据悉，这样的变更是为了提升从事专利代理事务的专业人员的社会地位，增强其荣誉感，并且参考了国内其他需经行政许可才能执业的专业人员的称谓，如律师、医师、注册会计师等，以及欧美等发达国家对专利代理执业人员称谓，才做出变更。

但是，如果仅仅是将称呼由"专利代理人"变成"专利代理师"，而收入低、社会地位不高和工作压力大的现象没有改变的话，也只是换汤不换药，不能从根本上解决这个行业待遇越来越低、优秀人才日趋流失的现象。

一个苹果带来的三个商机

《中国商报》中曾报道了一个真实的故事：

1985年，三个年轻人一同结伴外出，寻求发财机会。

在陕西一个偏僻的山区小镇，他们发现了一种又红又大、味道香甜的苹果。由于地处山区，信息、交通都不发达，这种优质苹果仅在当地销售，售价相当便宜。

一个年轻人小A倾其所有，购买了十吨最好的苹果，千辛万难地运回家乡，以比原价高两倍的价格出售，每年往返数次。

第二个年轻人小B用了一半的钱，购买了100棵最好的苹果苗，运回家乡，承包了一片山坡，把果苗栽种上。

第三个年轻人小C找到果园的主人，用一元钱买走了一把苹果树下的泥土。他带着这把泥土，返回家乡，把泥土送到省农业科技研究所，化验分析出泥土的各种成分、温度等，并申请了专利"一种苹果树的栽培方法"，同时注册了商标"小C"。然后，他承包了一片荒山坡，用了三年的时间，开垦、培育出与那把泥土一样的土壤，他在上面栽种了自己培育的苹果树苗。

三年后，也就是1988年……

小A成了家乡第一个万元户。

小B三年内没挣上一分钱，但是拥有了自己的一片果园，果树开始挂果了。

小 C 也没挣到钱，但是专利授权了，也拥有了自己的果园，果树刚刚长成。

十年后，到了 1995 年……

小 A 现在依然还要去陕西购买苹果，运回来销售，但是因为当地信息和交通已经很发达，竞争者太多，所以每年赚的钱越来越少。

小 B 虽早已有自己的果园，但是果园中长出的苹果味道相比于原产地有些逊色，只能薄利多销，不过仍然可以赚到相当的利润。

小 C 种植的苹果从 1990 年开始丰收，个大味美，和陕西原产地的苹果不相上下，每年果熟时节引来无数购买者竞相购买"小 C"牌苹果；1995 年，小 C 又利用自己的专利技术吸引投资，并成立了"小 C 苹果农业合作社"，带动了当地老乡共同致富，自己所在的村庄也成为全国闻名的富裕村。

| 知识产权经济学启示 |

同样的产品，小 A、小 B 和小 C 三人之所以呈现不同的市场销售与盈利状况，是由经营者思想上对市场的加工深度不同决定的。在开拓商品市场中，因为经营者的思维认识中有局限性，所以往往浅尝辄止，便会留下诸多的市场机会，谁善于在"前人"止步的地方起步，进行"深加工"，谁就有可能赢得市场，并通过专利保护、品牌保护，谁就有可能扩大市场、垄断市场。

现实生活中就有这样的例子：

已故的著名企业家褚时健，曾经的"中国烟草大王"，晚年二次创业，用心种出"中国最励志的橙子"——褚橙，每到上市之际，预定、抢购订单络绎不绝。2002 年，75 岁的褚时健和老伴马静芬一起回到玉溪新平，在哀牢山承包 2400 亩荒山种橙子，踏上了二次创业之路，在四处求教和钻研书籍后，改善了种植方法，摸索出清甜无渣、甜酸比保持在 24 : 1 口味的橙子，并在 45 个大类将"褚橙"注册为商标，将包装盒申请了外观设计专利（申请号

CN200830086104.4）进行知识产权保护，与此同时借助互联网营销平台"本来生活网"进行推广，大获成功。"褚橙"12～13元一公斤的出厂价，比市面上2.5元一公斤的普通橙子高出数倍，但是每年都是供不应求，褚时健不但自己的事业又一次取得了成功，还带动了当地老百姓共同致富。

屁股的奥妙

在一次知识产权文化研讨会上……

智专家语出惊人："航天火箭的宽度是由马屁股的宽度决定的。"

底下听众一片笑声……

智专家接下来的话更是石破天惊："这个理论曾经获得过诺贝尔奖！"

底下听众一片哗然……

智专家接着介绍："当然，它学术上的名字叫'路径依赖'理论，但是该理论内容就是推导出火箭宽度是由马屁股决定的。1993年，美国经济学家道格拉斯·诺思由于用'路径依赖'理论成功地阐释了经济制度的演进规律，从而获得了当年的诺贝尔经济学奖。"

众人释然……

智专家喝了口水，接着说："不管是美国登陆火星计划的航天飞机使用的火箭筒，还是马斯克的Space—X公司的能够回收利用的火箭筒，二者的直径都是1.435米（4英尺8.5英寸），这个宽度正好等于两匹马马屁股之间的宽度。这个很奇怪的标准是怎么制定的？因为火箭筒要用铁路运输，而铁路要经过一些隧道，隧道的宽度与铁轨的宽度一致，美国铁路两条铁轨之间的标准距离是1.435米。这是英国的铁路标准，而美国的铁路原先是由英国人建的，所以延续英国标准。为什么英国人用这个标准呢？原来英国的铁路是由建电车轨道的人所设计的，而这个正是电车所用的标准。电车的铁轨标准又是从哪里来的呢？原来最先造电车的人以前是造马车的，而他们是用马车的轮距标准。马车为什么要用这个轮距标准呢？因为，如果那时候的马车用任何其他轮距，马车的轮子很快会在英国的老路上被颠坏。为什么？因为这些路的辙迹的宽度是 1.435 米。这些辙迹又是从何而来的？是古罗马人所定的。因为欧洲，包括英国的长途老路都是由罗马人为他的军队所铺设的，所以 1.435 米正是罗马战车的宽度。如果任何人用不同的轮宽在这些路上行车的话，他的车轮子的寿命都不会长。罗马人为什么以 1.435 米为战车的轮距宽度呢？原因很简单，这是两匹拉战车的马的屁股的宽度！"

接下来发言的是财专家，他说："刚才智专家在其精彩的发言中，通过马屁股的故事讲了标准的重要性，那么我来讲一讲'屁股文化'。"

底下听众顿时兴趣盎然……

财专家说道："屁股，雅称臀部。中国人经常将西方经济学中术语的缩写带 P 的成为'屁'，如屁屁踢（PPT）、5 屁理论（5P 理论）、屁涂屁（P2P）、爱屁屁（App）等。"

"在西方，打屁股意味着性骚扰。所以美国电影里警察威胁倒霉男人时总说：clean up your ass waiting for gibbet，意思就是你小子要栽了！"

"在西方，屁股还意味着底线！中国人说：打人不打脸，西方人一旦说：Kick your ass，就是说对方不要脸的意思。"

台下有人举手说："财专家，您说得特别好，当姚明刚进入 NBA 时，巴克利和姚明打赌输了的时候，作为对自己的惩罚，亲吻的就是驴屁股。"

财专家表示赞许，说道："这个例子非常恰当，咱们接下来说一下中国的屁股文化。"

"在中国，屁股决定着地位。上至皇帝，下至乞丐，都能找到屁股文化的影子：皇帝叫'坐朝'，官员叫'坐堂'，办案叫'坐衙'，上班叫'坐班'，犯罪叫'坐牢'。"

"在中国，屁股还决定着身份，古语叫：在其位谋其事。所以，和尚叫'坐禅'；大夫医生叫'坐诊'；将军叫'坐帐'；教书先生叫'坐馆'；赌场老板叫'坐庄'；小姐叫'坐台'！"

"在中国，屁股还决定着面子。高兴的时候'屁颠屁颠'；生气的时候'撅起屁股走掉了'；害羞的时候'扭扭捏捏'。作家周立波的《暴风骤雨》中那个最穷的男人叫赵光腚；有人不待见被叫作'热脸贴个冷屁股'"。

台下掌声雷动……

| 知识产权经济学启示 |

段子中，财专家讲的屁股文化显然比智专家讲的标准故事更为精彩和深入，我们来着重谈一下标准和标准必要专利的重要性。

企业即使拥有优秀的技术和相关的专利保护，但如果没有被标准所采纳，在整个市场和产业环境方面，就有可能由于被动地接受别人的技术控制而处于不利地位。一方面，由于缺乏产业链的支持和市场的认可，企业的技术难以通过市场获利，企业为之付出的大量先期研发投入将无法回收成本；另一方面，为了适应标准的要求，企业将不得不对其研发规划和专利战略重新调整，并因此丧失市场先机，沦为市场的后入者，在市场竞争中处于被动的地位；第三，企业还将被迫去谋取标准专利拥有者的许可，为之付出大量的额外费用，使其产品的成本大大高于竞争者，在市场话语权上受到对方的制衡。

熟悉通信行业的人都知道，依靠对通信标准必要专利的控制，高通一直是通信行业的一道门槛，除了2G、3G时代高通的绝对垄断之外，在4G技术和专利方面，高通的优势仍很明显。这时，需要中国通信企业站出来，占领标准制高点，调整产业生态，改变高通一家独大的局面。为此，中国的华为公司计划在2020年前投6亿美元研发5G技术，实现5G标准化，并进行专利布局，以更好满足运营商和市场的需求，同时在行业标准的争夺方面抢得先机。2016年11月18日在美国内华达州里诺召开的3GPP（第三代合作伙伴计划）的RAN1#87会议上，3GPP确定了华为公司主推的Polar码作为控制信道的编码方案，高通公司主推的LDPC码（低密度奇偶校验码）作为数据信道的编码方案。华为公司作为中国 IMT-2020（5G）推进组的成员，参与了 Polar 码的研究与创新，在形成全球统一的 5G 标准、提升 5G 标准竞争力过程中终于发出了中国企业的声音。

CHAPTER 2

第 2 章

IP 故事经济学

文化自信，是更基础、更广泛、更深厚的自信。❶

——习近平

---

❶ 节选自习近平在庆祝中国共产党成立 95 周年大会上的讲话。

文化目崩

四大名煮

出差去某地文化局办事,旁边一家名叫"四大名煮"的铁锅柴鸡店吸引了小智一行人的注意,于是他们相约进去品尝一下。

菜都吃完了,小智也没看到所谓的"四大名煮"是什么。

于是他把老板喊过来问:"老板,你这四大名煮是怎么回事啊?"

老板说:"你看我们这重新装修后的风格像不像《红楼梦》里的大观园?透明厨房的三口锅,那是'三锅演义'啊;再看锅里翻滚的,不是'西游鸡'嘛?再看那服务生倒茶的技术一流,艺名'水壶传'!"

老板接着说:"你们在文化局门口的'四大名煮'餐厅,吃着'走在乡间的小路上'——香菜拌猪蹄,看着'关公战秦琼'——西红柿炒鸡蛋,多有文化情调啊!"

小智一行人全都目瞪口呆……

小智感慨道:人啊,最怕的是,长了颗红楼梦多情的心,却生活在水浒强盗的世界里,想交些三国里的桃园弟兄,却总遇到些西游记里的妖魔鬼怪。

| 知识产权经济学启示 |

当包装成为文化和企业生存的重要途径时,社会上难免会出现"挂羊头,卖狗肉"的包装,这类包装甚至连产品本身的价值都无法体现,更别说价值提升了,商家在概念上糊弄消费者的同时,更是削弱了自己的品牌价值。包装营销,一定要紧跟消费者不断变化的心理,将产品的生命周期与包装艺术完美融合,才能在消费者心中树立良好的形象。

比如，企业可以利用自己获得的知识产权为自己营销。《广告法》规定，专利号可以在产品的包装上和广告中进行宣传，能够增加产品的区别点和记忆点，最大程度保证产品的宣传效果❶。金龙鱼的"1∶1∶1专利好油"、益安宁的"冠心病专利药益安宁"等广告语都是利用专利很好地提升了产品的声誉。

通过介绍专利工艺的独一无二，可以降低消费者的选择成本，进而提升产品价值，打造高端路线。梦金园黄金打造"无焊料焊接技术专利品牌"，王忠善董事长推出万足金概念，在黄金饰品行业赢得了自己的一片天。

还可以利用专利做跨界营销，通过专利在消费者中形成病毒式传播，增加传播流量。例如，北京的局气餐厅、上海的原烹餐厅、广东的一点味餐厅、海底捞，等等。

另外，利用专利侵权诉讼的影响力进行营销，也是一个非常好的品牌营销路径，这在管理学中叫作"事件营销"。别人侵权说明我的产品在市场上受欢迎，我诉讼官司赢了说明我的技术是经得起考验的，从而能够吸引各种媒体和社会公众的关注并大量报道，让品牌的影响力不知不觉扩散到消费者的生活中，并增加消费者对企业品牌科技价值的广泛认知。

---

❶《广告法》第12条规定：广告中涉及专利产品或者专利方法的，应当标明专利号和专利种类。未取得专利权的，不得在广告中谎称取得专利权。禁止使用未授予专利权的专利申请和已经终止、撤销、无效的专利做广告。

一语话三国 IP

滚滚长江东逝水，浪花淘尽英雄。是非成败转头空。青山依旧在，几度夕阳红。白发渔樵江渚上，惯看秋月春风。一壶浊酒喜相逢。三国多少知识，都付产权笑谈中。

（1）刘备的经历告诉我们：创业虽然可以从摆地摊做起，但是不要忽视"皇叔"商标和"仁义"品牌的重要性。

（2）曹操的经历告诉我们：想在市场上大有作为，必须重视专利尤其是标准必要专利的"挟天子以令诸侯"的作用。

（3）孙权的经历告诉我们：知识产权是可以传承的。

（4）袁绍的经历告诉我们：在市场竞争中，如果在体制内存在不重视商业秘密保护、领导决策不准等问题，大国企也未必干得过小私企。

（5）桃园三结义的故事告诉我们：在企业创立时，拥有无形资产的刘备一方，甚至比提供全部有形资产的张飞一方，所占的股份更大。

（6）三顾茅庐告诉我们：对于市场确实需要的好的专利技术，企业多花点时间去谈判没关系，因为一旦获得将会称王称霸；一个好的产品暂时没有获得认同也没有关系，要学会推销自己，自我炒作提高知名度，到时候自然有人提款上门高价谈判。

（7）诸葛亮的经历告诉我们：对于更看重个人 IP 价值实现的职业经理人而言，进私企、跟随创业公司，往往比进国企和家族企业有更大的发展空间。

（8）庞统的经历告诉我们：自己的专利技术和商标品牌再出众，不懂专利运营和市场营销,也难以有用武之地。

(9)杨修的经历告诉我们:在其位谋其政,作为企业的专利文员,拿着白菜的薪水操着总裁的心思,不研究具体的专利撰写业务,总去猜测老板的商业秘密并不注重保密,你猜得越对,死得越惨。

(10)马谡的经历告诉我们:作为企业知识产权经理人,布局的理论学得再好,可工作时基本用不上,如果只会纸上谈兵没有实战经验,不但会被处罚甚至辞退,也会令企业遭受巨大打击。

(11)黄忠的经历告诉我们:只要有实力、有机遇,即使是将要到期的"老"专利,用好了作用也非同小可,也会成为高价值专利。

(12)曹植的经历告诉我们:"煮豆燃豆萁,豆在釜中泣。"知识产权战中没有永远的兄弟,只有永远的利益。

(13)蒋干的经历告诉我们:在知识产权谈判时,庄家周瑜放出的利好消息,一般都是为了套你利用你,务必要引起注意。

(14)张松的经历告诉我们:在识货的老板刘备眼中,知识产权地图所蕴含的信息是很有价值的。

(15)木牛流马的故事告诉我们:通过加强研发拥有先进的设备是企业必需的,但是也要注意技术秘密的保护。

(16)赤兔马的事迹告诉我们:拥有著名品牌宝马汽车就是不一样,哪怕是二手的,照样会有人花高价购买,坐在名牌宝马汽车上不但有面子,还能在商场上过五关斩六将。

(17)蔡瑁张允的经历告诉我们:掌握核心技术,跳槽后能够当上高管,但是如果让老板起了疑心,首先会被干掉。

(18)孙坚得到传国玉玺的故事告诉我们:机遇和高价值知识产权都只留给有准备的人。

(19)孙策玉玺借兵的经历告诉我们:知识产权质押融资,完全可以解决中小企业融资面临的贷款门槛高、融资难的问题。

（20）华佗遇难的经历告诉我们：如果没有对知识产权进行立体布局，而只用技术秘密进行保护，一旦出现意外情况，连麻沸散这样的好技术都将会失传。

（21）张松被杀的经历告诉我们：泄露技术秘密罪，严重时是要被判刑的。

（22）邓艾的经历告诉我们：通过创新后的奇袭，是可以弯道超车的。

| 知识产权经济学启示 |

学三国而时习之，不亦乐乎。我国传统四大名著之一的《三国演义》将高度的文学性与精辟的战略管理、战略思想及宏大的历史感观熔为一炉，较为深刻地揭露了三国对峙局面的形成和演化轨迹下的必然性根源，对于企业的知识产权战略、知识产权管理和知识产权运营有着很高的参考价值。通过结合现代管理学知识解读三国中的人物故事，挖掘我国传统文化中蕴涵的知识产权管理理念，知古而鉴今，将这些管理理念充分运用到知识产权的创造、运用保护、管理和服务中来，也必将为我国的知识产权研究带来新的思考，也会对企业的知识产权运用带来一定的参考价值。

譬如，可跟诸葛亮学知识产权的布局智慧，跟曹操学知识产权运筹，跟刘备学知识产权管理，跟孙权学知识产权传承，跟司马懿学品牌定位，学无形资产管理，学知识产权联盟发展，学非遗的知识产权保护……智者见智，不一而足。

无形资产三结义

那是一个春天,有三位草根青年一见如故,他们是天桥摆摊卖拖鞋的刘备、推车送快递的关羽和杀猪卖烤串的张飞,三人意气相投,立志做一番事业。

于是在河北涿郡张飞庄后养猪场所在的那花开正盛的桃园,备下黑牛白马,祭天告地,焚香再拜,结为异姓兄弟,开始创业了。

桃园结义后,三人的关系被定义成了"兄弟",这时人情代替商业契约,董事会的话语权分配是按照辈分来排的,而不是根据出资比例。

于是,三兄弟各自亮明家底后经过资产评估,结果如下:

刘备是中山靖王刘胜的后裔,论起辈分来也算是当今皇帝的叔叔,虽然"皇叔"这个品牌在这时还没有得到市场认可,但是有较大的炒作空间,刘备有"招募乡勇、讨贼安民"一整套成熟的商业计划,又有老师卢植、同学公孙瓒等一些成熟的政府人脉关系,综合来算,刘备的无形资产大,占据70%的股权,成为绝对的控股股东。

关羽虽然固定资产也没多少,但熟读《春秋》,识文断字,核心竞争力是能征善战、义薄云天,属于技术入股,占据15%股权。

按照现代商业制度来说,张飞是公司的全部出资者,理应占有公司的股权的大头,但是张飞为人实在,认为自己为人粗鲁、品牌稍差、武艺稍逊,况且年龄最小,只能排名第三,也占据15%股权。

公司刚成立,就有两位来自中山的"天使投资人"张世平、苏双慕名前来投资了,物资包括:良马50匹、金银500两、镔铁1000斤。

依靠天使轮的投资，刘关张三兄弟分别拥有了自己的拳头产品——刘备造"双股剑"、关羽造"青龙偃月刀"、张飞造"丈八点钢矛"，并以此为基础开始了事业的快速发展。

虽然三人后来在创业过程中屡受打击，但始终团结一心，在招聘诸葛亮做 CEO 之后，终于霸业有成，刘备公司成功上市，鼎足三分中国市场，合伙人关羽入主荆州分公司；合伙人张飞的女儿则嫁给了公司接班人刘禅。

知识产权经济学启示

公司成立时，拥有无形资产的刘备和关羽反而比贡献了所有有形资产的张飞地位高，这是因为，对于创业公司而言，较之有形资产，以知识产权等为主要内容的无形资产，是企业的更重要战略资源。

在一个公司无形资产的框架内，涉及三类非物质形态的财产权：一是知识类财产权利，该类财产主要由知识、技术、信息等无形资产利益所构成，可以分为创造性成果与经营性标记，其权利形态包括著作权、商标权、专利权等，为典型的知识产权；二是资信类财产权利，该类财产主要是经营领域中的商誉、信用、形象具有经济内容的商业人格利益，其权利形态包括商誉权、信用权、形象权等，这些即是与知识产权有关的其他无形财产权；三是特许类财产权，该类财产权利由主管机关或社会组织所特别授予的资格优惠、特权等法律利益所构成，其权利形态即是特许经营权，其特许的财产利益范围包括但不限于知识产权要素。

发明家诸葛亮和投资人的对话

诸葛亮穿越到现代,参加天蓬 TV 推出首档大型青年创业实战公开课《创业英雄汇》,侃侃而谈科技发明,意气风发朗诵《隆中对》,震惊天下。

以下是诸葛亮和投资人在现场的部分对话实录:

投资人: 你发明那么多科技产品有什么用,北伐无功而返,不能称为军事家和企业家,只是个科技发明爱好者。

诸葛亮: 我有《武侯兵法》,名垂千古。

投资人: 魏军来了怎么办?

诸葛亮: 我用八阵图布阵御敌,无人能破。

投资人: 骑兵来了怎么办?

诸葛亮: 我有铁蒺藜防骑兵,另外还有一弩十发的诸葛连弩,魏国名将张颌、王双均是我的产品代言人。

投资人: 你刚才介绍时说占据蜀国作为根据地,可是蜀国都是山区导致运粮不便,怎么办?

诸葛亮: 我有木牛流马,是三国时期最先进的机器人,另外还有技术秘密保护着,竞争对手难以仿制。

投资人: 士兵饿了怎么办?

诸葛亮: 我有肉馅馒头,香喷喷的,士兵吃了体壮如牛。

投资人：士兵食欲不振怎么办？

诸葛亮：我有火锅，祛湿消食，士兵吃了士气旺盛。

投资人：你被敌人包围了怎么办？一定死定了。

诸葛亮：我有孔明灯，飞上天去顺着方向发出求救信号。

投资人：敌人固守不出怎么办？

诸葛亮：我有冲车和云梯，绝对是攻城的利器。

投资人：打仗士兵无聊怎么办？

诸葛亮：我有孔明棋，可以解解闷，保证士气。

投资人：万一士兵过不了河，怎么办？

诸葛亮：我有搭桥枪，不用愁。

投资人：敌人利用象、虎、野牛、狼等野兽进攻，怎么办？

诸葛亮：我发明火兽，驱赶虎狼野兽。

投资人：你不过是演义吹出来的，哪有这么神，照我看还不如魏国的郭嘉经理。

诸葛亮：你说的对，可惜郭嘉命薄，只活了三十八，所以对于创业者和发明人而言，身体也是最大的本钱！

| 知识产权经济学启示 |

对于诸葛亮的科技才能，陈寿的《三国志·诸葛亮传》是这样记载的："（诸葛）亮性长于巧思，损益连弩，木牛流马，皆出其意"，"整理戎旅，工械技巧，物究其极，科教严明"。可见，诸葛亮的发明思想、发明水平和发明规范在史学家眼中的地位是极高的。经考证，诸葛亮一生有21项发明创造记录在册，其中：

军事领域14项：诸葛连弩、八阵图、火兽、搭桥枪、铁蒺藜、孔明灯、木牛流马、蒲元神刀、五折刚铠、云梯、冲车、诸葛鼓、诸葛筒袖铠、诸葛竹枪。

休闲娱乐领域 3 项：孔明棋、孔明锁、诸葛环。

生产生活领域 4 项：诸葛锦、都江堰水位标尺、诸葛馒头、诸葛菜。

上述 21 项发明创造中，智力开发和娱乐方面 3 项（孔明棋、孔明锁、诸葛环），由于属于智力活动的规则和方法，不符合专利法第 25 条规定，不能授予专利权；火兽由于只为了对付藤甲兵，不具备可重复实施性，从而不具备实用性，不符合专利法第 22 条第 4 款，不能授予专利权，其余的 17 项发明创造如果申请专利的话均能授予专利权，而且像都江堰水位标尺一样的发明创造在 1800 年后的今天仍在使用，令人不得不佩服至极！

"木牛流马"的起源

看过《三国演义》的都知道,"木牛流马"简直可以号称是三国时代的机器人,那么诸葛亮为什么将其命名为"木牛流马"呢?

据考证,原因是这样的:

诸葛亮与岳父黄承彦、妻子黄月英、弟弟诸葛钧等人相约在卧龙岗,吃着火锅唱着歌,进行了一次头脑风暴,大家分别发表意见。

诸葛钧首先发言:一个产品的起名要能反映产品的功能和作用。作为运粮的设备自然希望装得多、力气大,而牛和马在人们的印象中向来都是耐劳负重、力大无比的典型代表,成语"牛劲马力"就是这么得来的,所以两个设备分别用牛、马称呼,也能与三国时代主要的运输牲畜相贴合。

黄月英接着说:一个产品的起名要能反映产品的特质和性能。在现在的工艺水平下,运粮车要选用优质的木材制成,所以结合产品的材质,不妨将其叫作"木牛""木马"。

诸葛亮接下来发言:我认为产品的起名要避免与竞争品牌雷同。今年是建兴九年,也就是西方的公元231年,我在博览群书时看过西方名著《荷马史诗》,该书中记载了公元前1193年至前1183年希腊人发动的特洛伊战争的故事,在故事中有一个著名的运兵设备叫作"特洛伊木马"。对于"木牛"的名称,基本确定没有雷同品牌;而对于"木马",我不希望自己倾尽全力发明的设备被后世冠上一个"傍名牌"的帽子,所以必须得重新构思。

黄承彦最后作总结：这个运粮车的名字一定要创新、易记、响亮、给人以想象。结合孔明贤婿的建议，我建议把"木马"的名称改叫作"流马"，这样改的目的有三个：一是希望该设备能够像水流一样生生不息地运动，"流者，动也"；二是能够有效规避与西方"木马"商标的重名；三是谐音"牧牛遛马"，使人联想到，士兵像放牧牛羊、遛马遛狗一样不用费太大的力气就把运粮任务给完成了，符合新时代员工"在工作中寻找兴趣，在娱乐中完成工作"的以人为本的理念，除了令员工工作时干劲十足外还有助于打动消费者购买该产品。

于是，诸葛亮家族最终确定运粮车组合的商标名称"木牛流马"！功能和材质令人一目了然，读音清晰响亮、朗朗上口，可以说"木牛流马"能流传千年，名字起得好功不可没。

知识产权经济学启示

时至今日，人们依然对已经失传的"木牛流马"到底为何神器争论不休，但是后世2000年内，一提"木牛流马"就知道这是诸葛亮发明的运粮车的名称，发明人、品牌无不如雷贯耳，这就是商标的力量、品牌的魅力。

台湾顶新集团在开拓大陆市场时，将方便面的名字取名为"康师傅"，原因有三：（1）"康"有健康、小康的意思，符合现代人健康饮食的理念；（2）"师傅"二字是大陆对专业人士的尊称，具有亲切、责任感、专业化的内涵，叫起来特别有亲切的感觉；（3）康师傅logo独有的敦厚可亲，热情展开双臂形象，让许多顾客熟知与喜悦，这也是康师傅服务顾客热情亲切的精神表现。"康师傅"方便面一经推出，立即打响。如今，"康师傅"以近一半市场的占有率，稳坐祖国大陆方便面前两名市场宝座。

废铁变金箍的秘密

话说孙悟空从菩提老祖处学艺回到花果山后,缺一件称手的兵器,于是在猕猴元帅的建议下到老邻居东海龙王处去寻。

到了东海龙宫后,孙悟空先后试了 3600 斤的九股钢叉和 7200 斤的方天画戟后,仍不满意。

后来龙王将他眼里的"一块黑铁、废铁",在龙婆龙女眼中的"打发他走的废物"送给了美猴王。

这块"废铁"一旦到了孙悟空手里,大小、长短都如意变化,成了"如意金箍棒"。平时孙悟空将金箍棒变成绣花针大小,藏在耳内,临敌时,从耳内取出,迎风一晃马上变成碗口粗细的一根铁棒。它还能随身体大小变化而按比例改变大小,孙悟空变成昆虫,金箍棒同样还是能藏在耳内,而不会无法随身携带——这也是取名"如意金箍棒"的含义。

且这宝贝溜溜地等了几千年,就等识货的主人孙悟空来取呢!

可惜,可喜,惜的是这样一件罕世奇珍就这样躺在海藏千百年,喜的是真主出世,终于可以重见天光,再创一番惊天动地的事业。

就仿佛那千里马卧槽十年,终遇伯乐也。

这是悟空之幸,更是金箍棒之幸!

| 知识产权经济学启示 |

与段子中所讲述的孙悟空幸遇金箍棒一样,历史上很多具有革命性的技术与产品的出现,其实比其正式面世的时间会早很多年,它们有时会被大公司

压箱底，原因多种多样：官僚主义是最重要因素，还有一个因素是大公司为了防止新技术、新产品对原有挣钱的老技术、老产品形成冲击，而故意冷藏它们，这就给了大量的新兴的创新公司和创业公司机会。

1979年，乔布斯和他的同事们参观了施乐帕罗奥图研究中心，并被Smalltalk的图形界面和位图显示屏幕完全吸引了，而此时，施乐公司还未将该技术商业化。"你们为什么不拿这个做点什么？这些东西太棒了，它将是革命性的！"在施乐帕罗奥图研究中心，乔布斯兴奋地嚷着。在此启发下，乔布斯将这次参观获得的灵感用在了他的新项目——丽萨（Lisa）上，并对其进行改进。这对苹果公司来讲是革命性的。对苹果公司而言，有效利用施乐公司的图形界面技术是成功的第一步。

全球专利中，失效专利比例占到85%。所谓失效专利，泛指因法律规定的各种原因而失去专利权、不再受专利法律保护的专利，这类专利有专利技术含量而不受专利法律保护，成为公利技术。企业在失效的专利中找到的不仅是可免费使用的企业急需的适用技术，而且可以从失效的专利技术中受到启发，萌发许多新的发明点，并开发出新的方法、新的产品。从免费使用中获得，从免费使用中提高，从免费使用中再创新，并申请自己的专利，形成企业创新与保护的良性循环。利用失效专利发展比较成功的一个领域就是"仿制药"产业，据估算，2020年全球仿制药市场规模已超过1300亿美元，而在过去的10年中，全球仿制药市场发展的增速是专利原研药的2倍以上。

唐僧师徒创业的故事

唐僧师徒四人西天取经回来后，唐僧虽已位高权重，成为旃檀功德佛，但是，已经见过世面的唐僧寻思着：在建设知识产权强国的大形势下，不能辜负了这个"大众创业，万众创新"的大好时代，我何不跳出体制也来创业？思来想去，决定也搞一搞当下最热的知识产权行业。

说干就干，唐僧首先去天界工商总局注册了公司，凭借自己亲自走过丝绸之路的经验，借着"一带一路"的政策春风，将该公司起名为"丝绸之路知识产权有限公司"，用唐代御赐文物紫金钵盂作为抵押物在财神爷赵公明那儿质押，贷款 8000 万元作为公司的启动资金。

公司成立了，缺几个靠得住的合伙人，不出意外，唐僧拉一起扛过枪、下过乡、去过西方的孙悟空、猪八戒、沙僧、小白龙作为创业班底，人事任命如下：

唐玄奘同志拥有崇高的信念，德高望重、懂得用人、自律自强，佛界（司法）、天界（政府）、人界（市场）的人脉关系硬，又出资 8000 万，担任集团公司董事长职务，拥有公司事务的决策权，由于熟读佛教经典，兼管公司版权业务。

孙悟空同志下海前为"斗战胜佛"，拥有火眼金睛和金箍棒两大必杀技，在取经的过程中一路降魔打怪，又根据自身经历出版了专著《知识产权维权之三打白骨精经典案例》，主要负责集团的知识产权保护、维权业务，另外孙悟空能提供众多猴子猴孙作为企业基础员工开拓业务，担任集团公司 CEO 兼任人力资源总监。

猪悟能同志下海前为"净坛使者",会花钱、会吃会喝、有创意,担任集团公司 CFO 兼任企划总监,负责集团财务和企划公关,同时考虑到八戒同志善于思考,根据自己的三十六变撰写《三十六计》的创业经验,品牌运营实务经验丰富,主管集团公司商标业务。

沙悟净同志沉静而不求回报,淡泊却坚韧不拔,以将自己看得轻的智慧和对取经事业的忠诚,在西天取经过程中兢兢业业,成为"金身罗汉"后在大学取得水利工程专业博士学位,又有治理流沙河的工程经验,又利用业余时间取得了代理师资格证,主管集团专利业务。

富二代小白龙身为东海集团的公子,除了把他家族四海龙王集团的所有专利、商标等知识产权业务找来作为第一批大客户之外,还凭着开宝马 4S 店的便利条件和英俊帅气的外表,担任集团公关市场总监兼任海外市场总监。

根据资源分工后,唐僧占 30% 股份,孙悟空占 20% 股份,八戒和沙僧各占 15%,小白龙占 10%,留下 10% 的股份设置期权池作为员工激励股。至于退出机制,任何人退出需征得 5 个股东 3 人以上的同意方可退出,且根据盈利情况核算退出收益。

| 知识产权经济学启示 |

创业不易,正如孙悟空的西天取经一样,没有 72 变,就不能跨越九九八十一难。只有脚踏实地跨越十万八千里,一路升级打怪,方能修成正果,祝福每一个创业者都能保持清醒的头脑、敏锐的判断、正确的选择,去领略创业路上不断变幻的风景。

初创企业在发展过程中,要特别重视知识产权对于助推企业的价值实现的重要作用:

第一,初创企业的自主知识产权是企业吸引外界投资的重要砝码;

第二,初创企业的自主知识产权是帮助企业增强防御能力的重要保障,由于初创企业处于企业生命周期的初始阶段，既要在市场上立足，也要面对市场巨无霸的虎视眈眈的吞并意图，知识产权作为受国家法律保护的垄断手段之一，是初创企业在市场浪潮中重要的风险防御武器；

第三，在初创企业经营过程中，企业也可实时通过运营将这些无形资产转化为有形资产，来增加企业的流动资金。

芭蕉扇的专利运营哲学

铁扇公主又叫罗刹女或铁扇仙,是中国古典名著《西游记》中人物,乃得道地仙,长得俊俏,与牛魔王结为夫妻,生有一个能口喷三昧真火的儿子叫红孩儿。铁扇公主住在离火焰山一千里的翠云山上的芭蕉洞里,拥有法宝芭蕉扇,能灭火焰山的大火。

芭蕉扇为什么厉害呢?从专利技术的角度分析,是这样的:

(1)解决的技术问题:

对于火焰山的熊熊烈火,必须借助于芭蕉扇才能煽灭,否则无法过山,周围寸草不生。

(2)采用的技术方案:

一煽熄火;二煽生风;三煽下雨,并且没有替代技术。

(3)具体实施方式:

第一实施例(有偿许可),当地居民一年拜求一次,要用四猪五羊、异香时果、鸡鹅美酒作为祭品,沐浴后虔诚地请铁扇公主用芭蕉扇煽风熄火后,播种一季庄稼。

第二实施例(假冒仿制),孙悟空钻到铁扇公主肚子里进行逼迫,结果拿到了一把假扇子,火苗越煽越旺,最后自己差点被烧死,连猴毛都快烧没了。

第三实施例(偷盗使用),孙悟空假冒牛魔王偷来芭蕉扇,结果光有了高科技产品还不行,没有掌握芭蕉扇的技术秘密,结果只能变大不能变小,还没来得及使用,就被铁扇公主的丈夫牛魔王用同样的方式假冒猪八戒要了回去。

第四实施例（强制许可），靠如来佛差遣四大金刚、六丁六甲、托塔李天王、哪吒三太子和土地神的帮助，布下天罗地网，让牛魔王夫妇无路可逃，铁扇公主为了活命献上芭蕉扇。最终，唐僧师徒依靠国家公权力和地方政府的联合执法，通过强制许可的手段，才拿到了芭蕉扇核心技术的使用权，顺利地过了火焰山。

| 知识产权经济学启示 |

在段子中的四个实施例子中，展示了得到芭蕉扇核心技术的使用权的四种方式，第二实施例中的假冒技术让孙悟空差点没命，第三实施例中的强行使用由于没有掌握技术秘密最终也未成功，只有第一实施例中的有偿许可使用和第四实施例中的强制许可能得到芭蕉扇核心技术的使用权。

专利的强制许可，是指国务院专利行政部门依照专利法规定，不经专利权人同意，直接允许其他单位或个人实施其发明创造的一种许可方式，又称非自愿许可。从1984年我国第一部专利法实施以来，基于各种原因，至今尚未发布过一例强制许可使用。

《专利法》中相关强制许可的条文如下：

第48条　有下列情形之一的，国务院专利行政部门根据具备实施条件的单位或者个人的申请，可以给予实施发明专利或者实用新型专利的强制许可：

（一）专利权人自专利权被授予之日起满三年，且自提出专利申请之日起满四年，无正当理由未实施或者未充分实施其专利的；

（二）专利权人行使专利权的行为被依法认定为垄断行为，为消除或者减少该行为对竞争产生的不利影响的。

第49条　在国家出现紧急状态或者非常情况时，或者为了公共利益的目的，国务院专利行政部门可以给予实施发明专利或者实用新型专利的强制许可。

第50条 为了公共健康目的，对取得专利权的药品，国务院专利行政部门可以给予制造并将其出口到符合中华人民共和国参加的有关国际条约规定的国家或者地区的强制许可。

第51条 一项取得专利权的发明或者实用新型比前已经取得专利权的发明或者实用新型具有显著经济意义的重大技术进步，其实施又有赖于前一发明或者实用新型的实施的，国务院专利行政部门根据后一专利权人的申请，可以给予实施前一发明或者实用新型的强制许可。

在依照前款规定给予实施强制许可的情形下，国务院专利行政部门根据前一专利权人的申请，也可以给予实施后一发明或者实用新型的强制许可。

第52条 强制许可涉及的发明创造为半导体技术的，其实施限于公共利益的目的和本法第48条第（2）项规定的情形。

第53条 除依照本法第48条第（2）项、第50条规定给予的强制许可外，强制许可的实施应当主要为了供应国内市场。

第54条 依照本法第48条第（1）项、第51条规定申请强制许可的单位或者个人应当提供证据，证明其以合理的条件请求专利权人许可其实施专利，但未能在合理的时间内获得许可。

第55条 国务院专利行政部门作出的给予实施强制许可的决定，应当及时通知专利权人，并予以登记和公告。

给予实施强制许可的决定，应当根据强制许可的理由规定实施的范围和时间。强制许可的理由消除并不再发生时，国务院专利行政部门应当根据专利权人的请求，经审查后作出终止实施强制许可的决定。

第56条 取得实施强制许可的单位或者个人不享有独占的实施权，并且无权允许他人实施。

第57条 取得实施强制许可的单位或者个人应当付给专利权人合理的使用费，或者依照中华人民共和国参加的有关国际条约的规定处理使用费问题。付给使用费的，其数额由双方协商；双方不能达成协议的，由国务院专利行政部门裁决。

第 58 条　专利权人对国务院专利行政部门关于实施强制许可的决定不服的，专利权人和取得实施强制许可的单位或者个人对国务院专利行政部门关于实施强制许可的使用费的裁决不服的，可以自收到通知之日起三个月内向人民法院起诉。

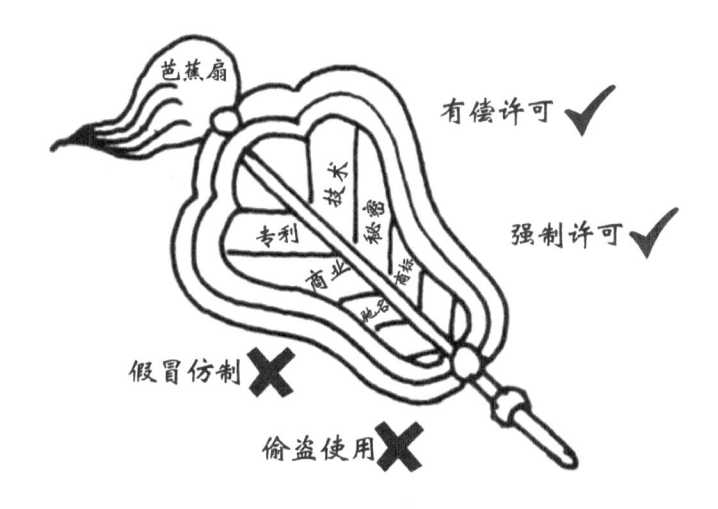

从《西游记》看版权运营

明代吴承恩在写完中国古代第一部浪漫主义章回体长篇神魔小说《西游记》之后,自己根本就没有钱出版发行,所以到处找出版社,希望能够把自己的小说发行出去。

但是当时市面上,畅销小说有两个"巨无霸":施耐庵的《水浒传》和罗贯中的《三国演义》,况且在当时,唐僧取经的故事大家都已经耳熟能详,所以大多数出版商都没有看上这本书,认为没有卖点,不可能赚钱。

后来吴承恩没有办法,只能选择把这本书的版权卖出去,否则自己连吃饭的钱都快没有了。《西游记》书稿版权被一个王爷买走了,但是这个王爷对它根本就不重视,将书稿放在了自己的书房里束之高阁。

到了万历年间,一个叫作唐光禄的书商无意之间在王爷的书房中看到了这本书,唐光禄没有听其他人的劝告,把全部的身家都押在了这本书上,执意买断《西游记》版权,并且花费重金打造了一套精美的雕版印刷模具。

当出版界的同行都等着看唐光禄的笑话时,唐光禄的世德堂本的《新刻出像官板大字西游记》在明万历二十年(1592 年)问世,供不应求。

短短几年,就达到了"天下谁家无《西游》"的局面,所有人只认世德堂版本的《西游记》,世德堂在唐光禄的这次运作下更是一跃成为书商的龙头。

| 知识产权经济学启示 |

从明朝万历之后,到现在我们能看见到的《西游记》,几乎全都是以"世德堂"的版本印刷的。可以说,没有吴承恩,就没有《西游记》的名著问世,没有唐光禄，就没有《西游记》的流传。

近年来，在谈及版权运营时，不论是影视公司、游戏企业还是文学网站、动漫平台，不论是大型互联网公司还是文娱创业企业，都少不了要谈全版权运营。何谓全版权运营？全版权运营的关键不在于"全"，其本质在于通过精准营销，让作品在多渠道授权许可及多形态作品的改编权授权许可，实现对作品的多次呈现，多元利用和多次收益，以深度挖掘版权内涵，扩大版权的辐射面和影响力，实现版权价值的最大化。虽然全版权运营已经成为文娱产业的共识，但是由于经验和能力的欠缺，全版权产业链尚未形成，版权价值开发的广度和深度还远远不够。

图片来源：世德堂本《新刻出像官板大字西游记》，http://m.sohu.com/a/161539868_654859.

《水浒传》中最厉害的分析师竟是他

提到《水浒传》中运筹帷幄的人,大家首先想到的是"智多星"吴用。还有一个人,黄文炳,此人虽为反派角色,但仍堪称水浒第一分析师,甚至在某些方面都强于"智多星",他的一些特质值得当今的分析师学习。

(1)生活中不忘工作,信息敏感度高。

宋江在浔阳江酒楼题写的诗词,一般的人看不明白,而看得明白的人往往不在意。可黄文炳凭借自己敏感的信息搜集天赋,向酒保借了笔墨纸张抄写下来,又问清楚题诗的人模样,再吩咐酒保不要将墙壁上的诗词刮掉,以免证据灭失。如此有条不紊的思路,真是分析师所不可或缺的能力!

(2)平时不忘学习积累,专业水平高。

黄文炳看到宋江的题诗,他便一句一句品读。对前几句,黄文炳逐一得出宋江"自负不浅""不依本分""看来只个配军""要在此间生事""兀自可恕"等恰如其分的评论,当读到最后一句"他时若遂凌云志,敢笑黄巢不丈夫"后,他便断定宋江想要谋反:"这厮无礼!他却要赛过黄巢,不谋反待怎的!"这段精彩的赏诗品人描写,说明黄文炳自幼饱读诗书,品诗水平较高,通过品读一首诗,就能把宋江的性格、身份及心中的哀怨悲愤全都细细分析出来,其精准程度令人惊讶,水平不是一般的高。

(3)想到还要做到,执行能力强。

黄文炳当晚没有回家,就在船中睡了一宿,第二日立即拜见当朝太师蔡京的儿子、江州知府蔡九,为的就是不拖延时间。好的分析师,不但要想到,还要有较强的执行力，要做到"好的思路不过夜，好的方案抓紧干"。

（4）关注经济政策，联想能力强。

黄文炳在府衙听到蔡九叙述其父蔡京信中所说的京城童谣和异常天象，他立即想到"耗国因家木，刀兵点水工"和题写反诗的"郓城宋江"是一人，两条不相干的证据一对照，便发现了重大问题。这是何等的斗争经验和警惕性，时时刻刻观察舆情。同样，作为分析师，除了技术外，还要关注国家政策、社会舆情、经济现状。

（5）擅长特征对比，推理能力强。

宋江装疯卖傻，被黄文炳通过前后信息对比识破，类似于专利分析中的对比文件的特征对比，前后特征一对比，即可发现破绽。

吴用派"圣手书生"萧让、"玉臂猿"金大坚伪造蔡京的书信，亦被他轻易识破，"哪有父亲给儿子写信，落款是写自己的官位的？"顺便揪出了梁山卧底戴宗。

（6）分析报告明确，建议果断。

黄文炳在《擒拿反贼宋江的预警咨询报告》中建议蔡九知府早杀宋江，先斩后奏。分析师所出的咨询报告，是用来辅佐企业战略实施的工具，切记务必要客观、明确、言简意赅。

虽然黄文炳学识好，智商高，心计深，是个好的分析师胚子，但是他内心阴暗，是个小人，十分可怕，令人防不胜防。

| 知识产权经济学启示 |

一名专利分析师需要具备哪些素质呢？起码要具备以下10点：

第一，知识储备和专业背景。熟悉专利法，了解相关知识产权法，对所提供服务的技术领域比较熟悉，最好是有一定的研发经验，通过阅读文献可以很快理解技术要点。

第二，情报收集能力。通过网络、数据库、调研、书本报刊等方式，收集本企业技术源信息和竞争对手信息，对于专利信息和非专利信息，进行全面的检索和查询。

第三，具有使用数据分析工具和可视化制作能力。要熟练使用数据分析工具，并能胜任制图工作，因为咨询报告做出来是给管理层看的，所以要具备较好的书面表达能力和可视性。

第四，演绎归纳能力和情报转化能力。从现象看本质，分析技术生命周期，判断竞争态势，预测市场的变化。

第五，策略制定能力。通过对数据的挖掘和分析，能够向决策者提出建议和应对方案，或攻或防，沉着应对。

第六，良好的表达能力。包括报告撰写时的书面表达能力和谈判沟通时的语言交流能力。

第七，多门外语能力。出色的英文沟通能力和分析能力是应必备的，同时掌握日语、德语、法语等专利常用语言。

第八，团队合作能力。无论在企业还是在信息服务机构，专利分析师的工作都是一项需要沟通的团队工作。

第九，有足够的耐心、责任心和刨根问底的态度。

第十，见微知著的能力。

从钩镰枪看方法专利的重要性

话说宋江为了营救小旋风柴进攻破高唐州，杀了高俅的兄弟高廉。高俅得到高廉被杀的消息，上奏朝廷，朝廷派名将呼延赞的嫡派子孙双鞭呼延灼进攻梁山，呼延灼派出三千连环马（原型其实是金国精锐重骑兵——"铁浮屠"，金兀术把它叫作"锁子马"），每三十匹铁甲马用铁锁连作一排，三千匹铁甲马分作一百队锁定，在铁甲连环马的冲击下，梁山众人惨败而归。

宋江苦思不得破连环马计策，新入伙的金钱豹子汤隆为了立功献上关键一计：欲破连环马，需用钩镰枪！

新晋的梁山兵器库的掌门人汤隆拥有祖传的钩镰枪的图纸，根据图纸记载的技术方案打造出了钩镰枪。如果那时申请专利保护，其权利要求书不外乎如下：

权利要求1：一种钩镰枪，其特征在于，枪长七尺二寸，其中枪头为八寸；枪头用镔铁制成，其上尖锐，其下部有侧向突出之倒钩，钩尖内曲；枪杆长六尺，粗圆径为四寸，以木制成，杆尾有铁镈，长四寸。

权利要求2：根据权利要求1所述的钩镰枪，以刺为主来杀伤敌人，倒向手柄的倒钩则用来钩住敌人，倒钩上边可开刃成镰刀状。

上述钩镰枪专利其实算是一种组合专利，是长枪和镰刀的组合发明，就像带橡皮的铅笔一样。橡皮铅笔的发明人李浦曼通过专利转让由一个穷画家变成了发明家和大富翁❶，钩镰枪的方法专利使用者徐宁，位列梁山第十八把交椅的天佑星，官至马军八虎骑兼先锋使第二。

汤隆会钩镰枪的制造方法但是却不会钩镰枪的使用方法，知其然不知其所以然。这就体现出了方法专利和操作技巧的重要性了，虽然你能造出神兵钩镰枪，但是不会使用方法，照样不能破连环马！从这个角度上也驳斥了某些人认为方法专利、工艺类专利不重要的观点，也解释了为何我国工人用德国原装进口的设备生产出的零件精度比不上德国工人的原因！

那时全国唯一掌握钩镰枪使用方法专利的人是金枪手徐宁（属于专家型人才），想用钩镰枪破连环马还得找徐宁。

当时流行一句广告语，"钩镰枪技术哪家灵？东京汴梁找徐宁！"于是，才有了"吴用使时迁盗甲，汤隆赚徐宁上山"一回的剧情。

金枪手徐宁被诱上梁山后，便教众军，本方法专利的要诀如下：

权利要求1：一种马上钩镰枪的使用方法，其特征在于，就腰胯里做步上来，上中七路，三钩四拨，一搠一分，共使九个变法。

权利要求2：一种步行使钩镰枪的方法，其特征在于，先使八步四拨，荡开门户，十二步一变；十六步大转身，分钩、镰、搠、缴；二十四步，挪上攒下，钩东拨西；三十六步，浑身盖护，夺硬斗强。

权利要求3：一种破连环马的钩镰枪使用方法，其特征在于，第一步，步军藏林伏草；第二步，把连环马引到埋伏处；第三步，对准两边马脚，钩蹄拽腿；第四步，用中间的枪头乱戳落马之人。

果然，徐宁叫梁山步军藏林伏草，钩蹄拽腿，用下面三路暗法，大破连环马。

---

❶ 美国佛罗里达州的画家李浦曼家境十分贫寒，一天画素描时，不小心失误，须用橡皮把它擦掉，但找了好久才找到橡皮，等到擦完想继续作画时又找不到铅笔了。他非常生气，于是产生了拥有一只既能作画又带有橡皮的铅笔的念头。经过多次试验，他找到一种满意的方法，即用一块马口铁薄铁皮，将一块圆柱形的橡皮连接在铅笔顶端。1858年，李浦曼借钱办理了专利申请手续并获得专利权，最终RABAR铅笔公司购买了这项专利，价格是55万美金（购买力相当于现在的1亿美金）。

> 四拨三钩通七路，共分九变合神机。
>
> 二十四步挪前后，一十六翻大转围。
>
> 破锐摧坚如拉朽，搴旗斩将有神威。
>
> 闻风已落高俅胆，此法今无古亦稀。

2000年左右，"飞车抢夺"曾经是很多广州人的梦魇，为了打击"飞车党"的嚣张气焰，广州市白云区黄石街的治安队员想出来一条"妙计"，正是用钩镰枪制服"飞车党"，为老百姓铲除了大祸害，这也可谓是钩镰枪的现代创新性应用吧。

|知识产权经济学启示|

发明专利可以对工艺方法类的发明创造进行保护。

依据《专利法》第2条第2款的规定："发明，是指对产品、方法或者其改进所提出的新的技术方案。"由此可知，方法专利就是有关方法的技术方案。

（1）方法类型的多样性。

按照一般的理解，方法专利往往是指制造产品的方法，实际上，这只是方法专利中所涉及的方法类型的一部分。涉及方法专利的方法主要包括制造方法、使用方法、通讯方法、处理方法，以及将产品用于特定用途的方法等。

常规做法是把方法划分为三种类型：

第一种制造加工方法，如汤隆的钩镰枪的制造方法。它的方式是作用于一定的物品上，使这些物品在形状、结构或者物理化学性质上发生变化，产生出新物品。

第二种作业方法，如徐宁的钩镰枪的使用方法。这种方法不在于改变已有物品本身的形状、结构和物理化学性质，而是借助这些物品来达到某些技术上的效果。例如，测量方法、检测方法、采掘方法、分析方法等；另外还包括发电方法、制冷方法、照明方法、通讯方法、广播方法等用于获得某些技术效果的方法。

第三种使用方法，也叫用途发明，如广东治安大队用来对付"飞车党"的做法。这是对已知物品的一种新的应用方式，在不改变产品本身的情况下，通过对该物品的特殊的使用而获得新的技术效果。这种情况又包括对专利产品的新的使用方法和对非专利产品的新的使用方法。

（2）方法类专利的保护。

在现有的知识产权国际公约以及国内的知识产权法律法规中都把方法专利作为一种独立的专利类型与产品专利相对应，但是，如果仔细分析就会发现，方法专利是不能离开产品而存在的。

除此之外，专利对特殊技巧类的方法保护效果难以保证，例如徐宁的钩镰枪的使用方法固然重要，但是用专利进行保护的话基本上难以维权，钩镰枪破连环马这类专有技术还是用商业秘密保护的方式更为合适！

李逵注册商标的灵感

李逵在梁山致富后,回家搬母享福,途中遇李鬼冒名自己剪径打劫,知其有九十岁老母,未杀,反给银十两。

后知受骗,一斧杀了李鬼。

李逵杀了李鬼后仍觉得不解气,心想:"这厮坏了爷爷'黑旋风'的名声和品牌,都说名人要注册个自己的商标,可怎么注册呢?爷爷是大老粗也不懂啊。"

想着想着,不知不觉就回到了梁山泊,走进了聚义厅。

宋江热情招呼:"逵弟,回来了?"

李逵抬头一看,见宋江脸上的刺青,大喜过望:"这不就是商标吗?有了这,谁还能假冒啊?"

于是李逵大喊道:"老大,你这脸上的商标是怎么注册的啊?"

宋江一听很生气,大声说:"你这黑厮不是羞辱我吗?揭我的短,不拿我这大哥当回事!来啊,把黑厮拖下去打 108 大棍……"

一盏茶功夫后,行刑官一枝花蔡庆来报:"报告大哥,棍子不够用……"

| 知识产权经济学启示 |

段子中的李逵还是很有品牌意识的,并且敏锐地察觉到宋江脸上的刺青可以作为标识,只可惜宋江脸上的金印刺的不是"及时雨宋江"。

品牌(brand)一词来源于古挪威文字 brandr,它的中文意思是"烙印",在当时,西方游牧部落在马背上打上不同的烙印,用以区分自己的财产,这是原始的商品命名方式，同时也是现代品牌概念的来源。

品牌是一种名称、术语、标记、符号和设计，或是它们的组合运用，其目的是借以辨认某个销售者或某销售者的产品或服务，并使之同竞争对手的产品和服务区分开来。商标（trademark）是指按法定程序向商标注册机构提出申请，经审查，予以核准，并授予商标专用权的品牌或品牌中的一部分，商标受法律保护，任何人未经商标注册人许可，皆不得仿效或使用。

跟《庄子》学知识产权保护和运营

庄子在《逍遥游·齐物论》中讲了这样一个故事："宋人有善为不龟手之药者，世世以洴澼絖为事。客闻之，请买其方百金。聚族而谋曰：'我世世为洴澼絖，不过数金；今一朝而鬻技百金，请与之。'客得之，以说吴王。越有难，吴王使之将，冬与越人水战，大败越人，裂地而封之。"

故事的大意是：两千多年前的宋国有一善于调制不皲手药的人家，世世代代以漂洗丝絮为职业。有个齐国客商听说了这件事，表示愿意用百金的高价收买他的不皲手药方的知识产权。拥有不皲手药发明配方的这一家人聚集在一起商量："我们世世代代在河水里漂洗丝絮，所得不过数金，如今一下子就可卖得百金。还是把独家药方卖给他吧。"齐国客商得到药方，并没有用在漂洗衣服行业上，而是立即去游说吴王，说是能够帮助吴国的军队战胜越国军队。时值吴越两国争霸交战，吴王就派这位齐国客商担任大将军统率部队，选择数九寒天滴水成冰之时跟越军在水上交战。天气寒冷，越军由于冻伤战斗力大减，而吴军由于不皲手药物的神奇疗效战斗力不减，这样吴国军队大获全胜，吴王便封地封侯封赏了这位齐国客商。

| 知识产权经济学启示 |

从庄子所讲的这则故事中我们可以看到，在两千多年前的春秋战国时期，古人们就已经认识到了知识产权保护的重要性，并且已经开始了知识产权的转让交易。庄子故事中的宋国人家虽然没有因为发明治疗皲裂药物而发家致富，但他们却对自己的发明采取了十分严密的保护措施，以防止他人侵犯其专有使用权。他们已经明确意识到，只有严加保护，才能排除他人模仿，从而提高发明的市场价格，获取更大收益。否则，假如人人得以知晓其配方，这项发明也就一文不值了。

故事中不惜重金购买这项知识产权的齐国客商更加值得我们学习借鉴，因为他不仅看到知识产权的重要价值，尤为难能可贵的是，他在两千多年前就已经认识到知识产权必须通过平等、自愿的市场交换来取得，而不能剽窃，更不能豪夺。在侵犯知识产权案件时有发生的今天，齐国客商的观念和做法，值得许多人效法和学习。

同时，齐国客商的故事还告诉我们，同样一项发明，从不同的角度去审视，用于不同的方向和领域，所产生的社会效益和经济效益会大不一样。同样是这个不皲手之药的专利秘方，宋国人家世世代代用来漂洗丝絮，结果始终只能维持温饱，生活在社会底层，卖掉配方后终于步入小康生活；而齐国商人获得专利许可权后，变换运营思路将该药用于军队作战，则可以封侯赏地，增值千万倍。

同样一个知识产权，由于运营方法、对象和商业化路径的不同，其结果和收益也会有天壤之别。因此，我们应当继承、发扬中华传统文化中的精华，像那位齐国客商一样，不仅重视发明创造、尊重知识产权，而且更加重视发明创造的转化和利用，使其发挥出最大的社会效益和经济效益。

知识产权"六尺巷"

清朝康熙年间，文华殿大学士张英的家属与邻居吴家在宅基地问题上发生了争执，张英的家属写信求助在京城做大官的张英，要他利用职权，疏通关系，打赢这场官司。

张英阅信后，坦然一笑，挥笔写了一封信，赋诗一首：

"千里修书只为墙，让他三尺又何妨？万里长城今犹在，不见当年秦始皇。"

张英家人阅罢，醍醐灌顶，主动让出三尺空地。

吴家见状，深受感动，也让出三尺空地。

于是两家院墙之间就形成了六尺的巷子，也成就了今天安徽桐城的名胜古迹"六尺巷"。

张英此举避免了邻里剑拔弩张，兵戎相见，对簿公堂，化干戈为玉帛，被传为佳话。

| 知识产权经济学启示 |

"六尺巷"的故事虽然简单，其中却蕴含了博大精深的礼让智慧，为民者慎独慎微，为吏者心存敬畏，为律者伸张正义。在依法治国确立为治理国家的基本方略的今天，以儒家为代表的中国传统法文化强调"礼让"的德治理念，完全可以与法治理念相辅相成、相互补充，更好地维护和保障社会的稳定。

知识产权源自西方法文化。西方法在价值取向上更加强调客观意志，但是法律实践中,"礼让原则"也是有法理可循的:例如它要求考虑公平和正义,也要求考虑法院所在国家的实际需要和建设国际民商事争议解决制度的需要,其主要代表人物荷兰人胡伯提出了"礼让三原则"和"国际礼让说"。诚然,由于专利权的地域性和权利客体的可复制性,不同地域内的权利主体可以分别对相同的客体各自享有内容相同、彼此独立的专利权,使得礼让原则在处理国际的专利侵权纠纷中难免力不从心。然而,随着全球经济一体化的加快,专利权的地域性差异正在逐步缩小,随着世界知识产权组织(WIPO)、欧专局(EPO)等超越国家形式的知识产权组织的重要性和影响力的与日俱增,各成员国之间的礼让义务要求也越来越高,这些为专利制度中礼让原则的发展提供了新的动力和法律基础。

对于知识产权纠纷而言,当事人自愿协商和调解(礼让),是纠纷解决的第一优选原则。例如,《专利法实施细则》第41条1款建议,两个以上的申请人同日分别就同样的发明创造申请专利的,需要"礼貌"地自行协商确定申请人;如协商不成,则对其各自的申请均不授予专利权,而"礼让"给社会公众共享其技术方案。再如,《商标法实施细则》第19条规定,同日使用或者均未使用申请商标的,各申请人可以自收到商标局通知之日起30日内自行协商,并将书面协议报送商标局;不愿协商或者协商不成的,商标局通知各申请人以抽签的方式确定一个申请人,驳回其他人的注册申请。

另外,专利竞争对手之间不一定非得"剑拔弩张",也可相互"礼让三分",通过专利资源整合构建"联手、联盟、联动"的互动性专利联盟,以降低自身运营成本,加大与国外专利寡头的对抗筹码,建立专利合作战略伙伴关系,达成专利共赢的良好局面。据统计,我国自2008年以来的专利权侵权案件中,专利侵权平均判赔额只有8万元,通常只占到起诉人诉求额的1/3,甚至更低,在这种情况下,专利战的攻防两方由于时间、精力的原因往往落得两败俱伤,与其"鱼死网破",还不如原被告双方"各让三尺",相互之间甚至对外开放部分专利资源,打造互利共赢的"专利六尺巷"。

千里修书只为墙,让他三尺又何妨?
万里长城今犹在,不见当年秦始皇。

知识就是财富

20世纪初,美国福特公司正处于高速发展时期,路上到处都跑着福特公司生产的T型车,客户的订单快把福特公司销售处的办公室塞满了[1]。

可是,福特公司一台主电机突然出了毛病,导致车间无法正常运作,相关的生产工作也被迫停了下来。

公司调来大批检修工人反复检修,又请了许多专家来查看,可怎么也找不到问题出在哪儿,更谈不上维修了。

福特公司的领导火冒三丈,别说停一天,就是停一分钟,对福特来讲也是巨大的经济损失。

这时有人急忙把当时最著名的电机专家斯坦门茨请来。

斯坦门茨要了一张席子铺在电机旁,聚精会神地趴着听了3天;

然后又要了梯子,爬上爬下忙了2天;

最后在电机的一个部位用粉笔划了一道线,写下了:"将这个位置的线圈减少16圈。"

人们照办了,令人惊异的是:故障竟然排除了!生产立刻恢复了!

福特公司经理问斯坦门茨要多少酬金,斯坦门茨说:"不多,只需要1万美元。"

1万美元?就只简简单单画了一条线!要知道当时福特公司最著名的薪酬口号就是"月薪5美元",这在当时是很高的工资待遇,以至于全美国许许多多经验丰富的技术工人和优秀的工程师为了这5美元月薪从各地纷纷涌来。

---

[1] 秋姗. 一个骗了我们很久的半截故事[J]. 杂文月刊(文摘版), 2016(6).

1万美元的酬劳，这是在一百多年前美国一个普通职员 100 多年的收入总和！

斯坦门茨看大家迷惑不解，转身开了个账单：

画一条线，1 美元；

知道在哪儿画线，9999 美元。

福特公司经理看了之后，不仅照价付酬，还花费巨资收购了斯坦门茨所在的公司，目的只有一个：让斯坦门茨成为福特的雇员！

| 知识产权经济学启示 |

斯坦门茨不打开机器盖，只用听的方式来诊断，其实就是一种用技术秘密保护自己知识产权的一种非常好的方式。

在知识经济时代，知识就是力量，知识就是财富！进入 21 世纪后，知识资本崛起并成为经济竞争的焦点。据《财富》杂志统计：世界 500 强企业的资产构成中，1978 年有形资产占 95%，无形资产仅占 5%；但到了 2018 年，有形资产占比降低到 20% 以下，而无形资产的占比则提高到 80% 以上，这代表了企业投资的趋势，同时现代企业竞争优势也体现在知识资本上，尤其是体现在技术、设计等创新方面。

而无论是个人还是企业要想保护自己的无形资产财富，必须重视知识产权的申请和保护！

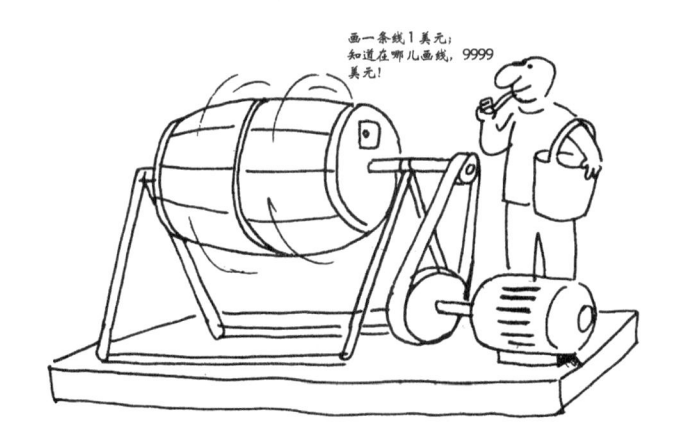

毛竹的励志故事

在中国东南的浙江、福建等地生长着一种竹子，名叫"毛竹"。那里的农民到处播种，每天精心培养，等待着种子萌芽。但即使一直精心照顾，毛竹4年也不过长3厘米。

别的地方的人看到这种情景，摇着头表示完全不能理解。他们想：花这么长时间种它做什么，浪费时间和精力。

但是他们不知道的是，5年后，毛竹会以每天30厘米的速度生长，这样只用6周就可以长到15米，瞬间就可以变成郁郁葱葱的竹林。

虽然毛竹4年间只长了3厘米，但从第5年开始了暴风成长，6周时间好像发生了不可思议的变化。

但之前的4年间，毛竹将根在土壤里延伸了数百平方米，它用了4年时间在为后期的快速成长打基础。❶

|知识产权经济学启示|

毛竹用了4年的时间在扎根，很深很结实的根，同时它也积蓄了足够的能力，一旦时机成熟，终将创造奇迹，登上别人遥不可及的巅峰。在西方，也有类似的故事——"罗马城不是一天就建起来的"。

企业也是一样，在困境中，顶住压力，专注于转型升级，淘汰落后产能，通过与国外先进企业的合作，学习先进的管理经验，引进先进的技术，使自己的生产水平更上一个台阶，并转化为自主知识产权。

---

❶ 毛竹的励志故事，http://www.360doc.com/content/16/0329/15/30290144_546269798.shtml.

我国的知识产权事业虽然经历了快速的发展，要建设成为知识产权强国也不是一蹴而就的。中国科学院院士、国家知识产权局局长申长雨在2018年写的《一项兴国利民的国家战略》的文章中指出，要分"两步走"建成知识产权强国：

第一步，从2020年到2035年，让知识产权成为驱动创新发展和支撑扩大开放的强劲动力，知识产权扎根创新；

第二步，从2035年到21世纪中叶，让知识产权成为经济社会发展强有力的技术和制度供给，知识产权引领创新，鼓励和支持研发掌握更多拥有自主知识产权的核心技术。

第 3 章

IP 营销经济学

世界未来的竞争，就是知识产权的竞争！ ❶

——温家宝

---

❶ 节选自 2004 年 6 月温家宝在山东考察时的讲话。

精准市场调查的重要性

某知识产权代理公司想要开拓中东市场,可是没过几天,派往中东开拓市场的销售员小戴像霜打了的茄子似的回来了。

市场总监小智问销售员小戴为什么垂头丧气。

销售员小戴解释说:"我制作海报时非常自信,我以为能够轻松占领市场,但我不会讲阿拉伯语,于是结合三幅画介绍我们的服务。第一幅:一个人的技术被偷了,在号啕大哭;第二幅:那个人通过我们公司申请了知识产权;第三幅:那人因为维权成功而精神焕发。制作好海报后,我就四处张贴。"

总监小智问道:"思路不错,应该效果不错吧?"

小戴沮丧地说:"唉!别提了,没想到阿拉伯人看书是从右往左看的!"

| 知识产权经济学启示 |

作为知识产权领域的市场人员,除了掌握商标、专利、版权等知识外,了解用户的需求和用户习惯也是很重要的,不要只闷头做事。

知识产权市场营销是一门技术,更是一门科学,面对客户之前,销售者需要提前对市场情况进行详细调查,掌握客户更多的信息后才能更好地进行沟通,在不了解客户的情况下,贸然给客户推销产品,会让客户很难接受。落在实际执行过程中,知识产权市场人员需要有目的、系统地检索客户的专利和商标情况,搜集行业现状和发展趋势,分析整理市场信息和竞争对手相关的资料,对销售成功的可能性进行预估,从而有针对性地细分客户、制定营销策略。

全票当选的班花

高一开学伊始,三班的女生们公开选班花。

小雨虽然容貌一般,但是活泼大方有气质,她勇敢地第一位冲向讲台,落落大方地对全班女生说:"各位姐妹,如果你们选我,那么以后你们其中的任何一个女生都可以跟你的先生说,我当初在班上可是比班花还漂亮的哟!"

大家无不为小雨的勇敢和机智欢呼鼓掌。

最终,小雨获得了全班的全票通过,成为有史以来得票率最高的班花。

| 知识产权经济学启示 |

说服别人支持你,不一定要证明比别人都优秀,而是让别人觉得,因为有你,他们变得更优秀更有成就感。知识产权就是这样,它可能不是必不可少的,但是现代企业运营离了它是万万不行的,它能让企业规避风险,它能让企业获得垄断,它还能让企业获得差异化竞争的优势。

在知识经济时代,知识产权尤其是专利已经成为许多企业寻求发展的重要资源与核心竞争力,越来越多民族企业举起自主研发的旗帜,而随着国际市场上日益白热化的竞争,不少国外企业早已依靠科学创新技术抢占市场份额,甚至多次利用知识产权来对付中国企业,企图阻止中国企业进入国际市场,也有不少外国企业设置知识产权的陷阱企图以此牟利。在这样形势严峻的市场环境下,我国企业如何发挥自身职能和竞争力已经成为市场竞争的重要筹码,必须加大自主研发投入力度和高科技创新型人才的培养与引进,必须加快专利数量、质量的积累,从市场需求出发,提高研发的力度和效率。

知识改变命运，思路决定出路

一个鱼塘开张，钓鱼费用是 100 元每次，老板说没钓到鱼就送一只鸡，于是很多人都去了，回来时每人拎着一只鸡。

后来，鱼塘看门老大爷说：老板本来就是个养鸡专业户，这鱼塘就没有鱼，这个方法叫作"去库存"！

过了几天，另一个鱼塘也开张了，钓鱼免费！但钓上的鱼要 15 元每斤买走，结果还是有许多人去了。奇怪的是，不管会不会钓鱼，都能一天钓几十条，所有人都觉得自己是钓鱼大师。

后来，鱼塘看门老大爷说：鱼是老板从批发市场 3 元每斤买来的，每条鱼都饿了一个星期，所以特别好上钩……这个方法叫作"供给侧改革"！

过了两天，第三个外地连锁鱼塘开张了，这个鱼塘实行撒网式捕鱼，让顾客穿上蓑衣，戴上斗笠，乘上小舟，扮成渔夫模样，体验农耕文化，鱼塘派人专门负责拍摄美图，给顾客发朋友圈，提升顾客形象，最后网到的鱼只要 10 元每斤。许多人高兴地去了，一网下去就是好几十斤鱼，鱼塘日销售量从 500 斤上升到 10000 斤，而且时间周期大大缩短，顾客体验捕鱼很高兴，批发市场也去了库存。

后来，鱼塘看门大爷说：这个方法叫作"去杠杆改革"！

第四个鱼塘又开张了，受前面三个鱼塘的启发，该鱼塘钓鱼免费，钓上的鱼也可免费拿走，许多人高兴地去了，居然有人钓到了美人鱼！然后钓鱼的人和美人鱼共进丰盛的午餐，老板餐饮服务收入比之前钓鱼收入高得多！

后来，鱼塘看门大爷说：其实美人鱼都是老板花钱请来的专业模特……这个方法叫作"深层次挖掘客户需求"！

最近鱼塘开张比较多，成了热门项目，老板对经常钓鱼的顾客讲，投资鱼塘太赚钱了，半年回本，一年翻倍，为了回馈老顾客，现推出会员激励计划，一次性投入18000，可享受终身会员待遇，同时享有1%股份，每年分红5000，如果需要钱，还能转让股权，顾客正愁没处投资呢，这么好的项目，不到一上午，100个人交了钱。

后来，鱼塘看门大爷说：老板去年跟银行贷款20万，一直逾期，今天终于还上了，欠了半年的工资也发了，这个方法叫"资产证券化"！

第五个鱼塘开张当天，媒体广泛报道，很多大腕级的企业家都去取经求道，鱼塘老板招架不住啦，最后只得交代：原来看门大爷才是鱼塘幕后的大股东，主导了每次变革转型的成功。

老大爷在接受记者访谈时饱含眼泪哽咽着说：我以前只是个企业中层，能有今天成就，来源就是不断地学习！

这就叫："知识改变命运，思路决定出路"！

| 知识产权经济学启示 |

思路决定出路，这句话太对了！2019年4月3日，日本丰田汽车公司（以下简称"丰田汽车"）向全球公开宣布，作为电动车普及措施的一环，无偿提供丰田汽车持有的关于电机、电控（PCU）、系统控制等车辆电动化技术的专利使用权（包含申请中的专利）23740项，同时声明为了推动电动车的研发制造，对使用丰田动力传动系统的企业进行技术支援。丰田汽车此举在中国汽车行业尤其是新能源汽车行业引起了轰动，从推动全球汽车电动化发展这个角度上而言，丰田汽车的"慷慨"和"任性"值得赞赏，但是大家又都在质疑这次开放专利事件背后真实的商业意图。

从企业战略层面来看，丰田汽车的"醉翁之意"可能是以下三点：

"放水养鱼"做友圈。这次开放专利涉及燃料电池专利约8060项，占到了专利开放总数的三分之一，旨在燃料电池汽车前期推广不力的情况下，更进一步助推燃料电池的产业化发展，全力构建燃料电池汽车的产业生态圈和"朋友圈"。试想，如果在此次专利开放截止的2030年底，燃料电池汽车市场规模做大并成为主流技术，丰田汽车毫无疑问将成为最大的受益方。

"抛砖引玉"抢主流。消费者往往不在乎哪种技术最先进，而是更关心哪种技术最主流。IBM公司在网络协议和网络标准的制定过程中，因对专利技术保护过严而失去了成为主流技术的机会，所以IBM从2004年起开始每年策略性地开放部分专利。对于丰田汽车而言，首先，由于前期对混合动力技术的专利保护过严，导致纯电动汽车反客为主成了全球市场的主流；其次，由于纯电动汽车技术存在现在难以攻克的技术瓶颈限制，本田、通用、宝马、奔驰等公司已经陆续开发出了可以取代"行星齿轮结构"核心技术的新的混合动力技术，使得丰田汽车一直引以为豪的混合动力核心技术优势面临诸多挑战，甚至可能面临被技术取代的风险；第三，丰田汽车本身拥有的控制类的专利数量不多，对于当今的新能源汽车行业而言，潜在的更大的竞争对手在通信、芯片、控制系统相关企业，此次开放专利如果能够通过交叉许可构建"朋友圈"成为"友军"，无疑给自己减少了后续发展的诸多障碍。

"李代桃僵"保外围。丰田汽车申请的包括"行星齿轮结构"核心技术在内的大部分混合动力基础专利已经到期失效，通过这次主动地整体开放专利，能够在基础专利失效的情形下继续发挥外围专利的作用。

从企业经营层面来看，丰田汽车最有可能的"醉翁之意"可包括以下三点：

"借尸还魂"谋获利。类似于汽车4S店的盈利模式，丰田汽车可凭借自己雄厚的技术积累，通过无偿提供专利使用权的方式，后期通过技术支援收费，当然也不排除通过单独销售混合动力驱动系统和燃料电池关键部件等核心零部件，做好上游供应链获利的可能性。

"笑里藏刀"签协议。类似于特斯拉的专利开放策略，通过双方签署专利免费使用许可协议，进而签订一系列不平等协议，比如只能使用丰田汽车的关联技术、不能对丰田汽车发起专利诉讼、将专利反向许可给丰田汽车等。

"树上开花"做生态。类似于苹果公司的商业模式，丰田汽车可对能够提供电机、电池、电控等电动车的关键技术企业，提供商品化的技术支持，全力支持做大第三方生态。例如，2018年底，吉利旗下公司科力远，同时也是丰田的零部件供应商，就以1元的成本象征性地拿下丰田混合动力核心技术。

在纯电动汽车核心技术得到突破之前，丰田汽车这次开放专利行为，无论从战略层面上还是从经营层面上都是一步好棋，不但能继续保持自身优势且带动整体经营效益的发展，还能为自己下一步纯电动汽车相关技术发展完善争取足够的时间。

所以说，这次丰田汽车开放专利"醉翁之意不在酒"，而是想把市场蛋糕做大后"在乎山水之间也"。

"揩油"的学问

上小学的儿子问开知识产权服务公司的爸爸:"爸爸,技术是客户的,案子是你的手下写的,证书是国家知识产权局颁发的,那你是怎样轻松赚来房子和车的呢?"

爸爸回答:"儿子,冰箱里有一块五花肉,你把它拿来。"

儿子虽然不解,但拿来了。

爸爸说:"再放回去吧。"

儿子问:"什么意思?"

爸爸说:"你看你的手指上是不是有油啊?猪是养殖户的,肉是客户吃的,卖肉的屠户往往是最肥的。"

| 知识产权经济学启示 |

鲁迅在杂文集《准风月谈》里讽刺了"揩油"的社会现象:"这不是'取回扣'或'取佣钱',因为这是一种秘密;但也不是偷窃,因为在原则上,所取的实在是微乎其微。因此也不能说是'分肥';至多,或者可以谓之'舞弊'罢。然而这又是光明正大的'舞弊',因为所取的是豪家、富翁、阔人、洋商的东西,而且所取又不过一点点,恰如从油水汪洋的处所,揩了一下,于人无损,于揩者却有益,并且也不失为损富济贫的正道。设法向妇女调笑几句,或乘机摸一下,也谓之'揩油',这虽然不及对于金钱的名正言顺,但无大损于被揩者则一也。"

但是,知识产权服务公司不能只做简单的揩油工作,还要对文件检索、二次创新、撰写布局等方面提供专业的咨询和建议，帮助企业创造高质量专利、更好地维护自己的利益。因为低质量的专利只能令企业成为一只色厉内荏的知识产权"纸老虎"，遇到维权和侵权诉讼时，不但不能全面、有效、充分地保护自己的创新成果和市场，还有可能被对手抓住撰写的漏洞牵着鼻子走。

如何提高 IP 部门影响力

小智担任 A 企业的知识产权主管，由于知识产权部门不是直接利润岗位，老板对其所在的知识产权部门不重视，研发人员也纷纷对其侧目：你们就是一群吃白饭的！

小智为此郁闷不已。

后来小智看完《专利三十六计》中的"抛砖引玉"和"苦肉计"之后，大受启发……

他想到一招并付诸行动：让自己的亲戚注册了个皮包公司，申请了几件专利，状告 A 企业侵权，要求赔偿 5000 万。

老板急坏了，研发人员也一筹莫展。

小智带领团队写了个侵权抗辩书，提交了上去，对方很快撤诉，不再追究责任。

从此以后，老板对小智高看一眼，不但给小智升职、加薪，对知识产权部门的重视程度也提高了很多。

|知识产权经济学启示|

在我国，知识产权部门在大部分公司都是边缘部门，引不起公司管理层的重视，为什么呢？因为在知识产权取证难、赔偿额低的大环境下，知识产权部门注定是个资金投入大于产出的部门。虽然段子中知识产权主管抛砖引玉，让老板开始重视企业的知识产权。但是如果有企业以此为主业，作为 NPE（Non-Practicing Entities，非实施主体），通过恶意诉讼破坏社会秩序，会对已有的市场经营秩序和社会公共利益带来不利影响，必将会受到法律的严惩。

比如，2017年3月至7月期间，李某、孙某二人获悉上海的A公司正筹划股票首次发行的消息后，合谋利用李、孙二人控制的甲公司，以A公司侵犯甲公司专利权为名多次恶意发起诉讼、向证监会恶意举报，并以延迟、拖延和影响上市为要挟，逼迫A公司与其签订所谓"专利实施许可"协议，以授权使用专利为名勒索A公司。A公司为确保上市，无奈接受了李某、孙某的要挟，以人民币80万元取得了甲公司所持有或控制的所有专利权和专利申请权的授权许可使用。后来，上海市公安局经侦总队会同浦东分局组成联合专案组，经缜密侦查，认定这是一起以影响企业上市为要挟、非法索取巨额钱财的敲诈勒索案件，对李某、孙某二人进行了严厉的处罚[1]。

---

[1] 上海警方破获一起敲诈勒索拟上市公司案以专利权为由发起恶意诉讼［EB/OL］.［2019-03-19］. http://www.sohu.com/a/242522608_313745.

博弈的价值最大化技巧

某公司为两个优秀员工小智和小财发了两个橙子,可是两人就两个橙子如何分配的问题产生了矛盾,彼此僵持不下。

于是,二人花钱请来了经济学博士主持分配。

经济学博士参考诺贝尔经济学奖获得者纳什的《博弈论》,说:分者后选。

小智和小财两个人按照这个建议分了橙子,心满意足地走了。

小智回家后,把橙子皮扔了,果肉榨汁,美美地喝了。

小财回家后,把橙子果肉扔了,橙子皮磨成粉后烤蛋糕,美美地吃了。

我们设想一下,如果两个人提前进行沟通,小智要果肉、小财要果皮,那么二人的利益都会倍增,也节省了请经济学博士的费用。

| 知识产权经济学启示 |

在知识产权谈判博弈过程中,保证双方价值最大化,实现共赢,才是真正的公平。为了保证知识产权谈判的利益最大化,在条款拟定和谈判之前,我们必须要先要搞清楚自己真正想从交易中获得什么样的根本利益,而且要确保该利益是同公司整体的利益和目标是一致的。是想通过交易使产品进入目标市场,还是想打通上中下游的供应链并建立自己的"生态体系",还是获得更多的现金流,这些都需要决策者有着清晰的概念。

知识产权谈判并不是"你有情我有义""你花钱我收钱"就能成就的事情,繁复的条款之间往往牵一发而动全身。要想更顺利地达成交易,双方在谈判中不但要搞清自己要什么，也要清楚对方看重什么。弄清楚哪些条款是在交易中可以妥协而不会影响自身的根本利益，适当地满足对方的心理预期和"甜蜜点"，这样既保证了双赢，又能坚守自己的底线。

服务不能只问价格

代理师小财约了客户进行技术交流,可是由于自己的汽车尾号限行,于是借同事小智的车去工厂见客户。

没承想,回来后车门锁坏了,小财去修理厂修车,又不想多花钱。

修理工人问:"锁用原厂的还是便宜的?"

小财说:"越便宜越好!只要能把门锁上就行……"

结果……结果,一把铁将军被安装到了车门上!

知识产权服务也一样,只问价格,不管质量和服务,就难以得到想要的效果,结果反而造成更大的成本浪费。

| 知识产权经济学启示 |

对于企业而言,申请专利就是给自己的创新和技术加把锁,申请商标就是给自己的产品加把锁,这把锁的作用在于给他人一个明确的宣示:"这是我的,你不能动,你要动了我就要依据法律告你!"

"你锁了,人家就懂了。" ❶

对于企业而言,选择成本高的还是成本低的专利服务,取决于专利技术价值、专利技术市场和专利技术的原创性高度。

当然,对于一些中小微企业和创业企业而言,如果财力受限,不要试图在专利布局上一步到位,企业必须量力而行,紧紧围绕自己的战略目标,进行

---

❶ 引用自"从前的锁也好看,钥匙精美有样子,你锁了,人家就懂了。"——木心。

性价比更高的专利开发和专利布局，等企业资金丰沛后，再大规模地进行专利储备。

顾问的最高境界

知识产权顾问对客户说：我们是最棒的，我保证让你的知识产权授权。
——这是推销。

知识产权顾问对客户说：找我们申请知识产权，买三送一。
——这是促销。

知识产权顾问根本不对客户阐述，但客户被顾问的美貌或气质所迷倒。
——这是营销。

客户根本不认识知识产权顾问，但所有的客户都对那个顾问的专业素质和诚信夸赞不已，并且主动地为其推荐客户。
——这是品牌。

| 知识产权经济学启示 |

传统的知识产权服务公司常用的营销手段有承诺包拿证书、免费服务等，然而通过虚假宣传、价格战来获取的市场都是暂时的，团队的业务水平、人才储备和公司乃至员工个人的诚信和实力，才是最好的品牌和营销。

光脚的不怕穿鞋的

有 A 和 C 两家鞋厂分别派了一位推销员来到太平洋上的一个岛推销鞋子。

这个岛地处热带，岛上居民一年四季都光着脚，全岛上找不出一双鞋子。

A 鞋厂的推销员很失望，给公司本部拍了一份电报："岛上无人穿鞋，没有市场。"

第二天，他就回国了。

C 鞋厂的推销员看到这个岛上没人穿鞋，心中大喜，也立即给公司拍一份电报："岛上无人穿鞋，市场潜力很大，请速寄 100 双软塑料凉鞋来"，并住了下来。

等 C 鞋厂把适合岛上居民穿的软塑料凉鞋寄到岛上，这个推销员已与岛上的居民混熟了，他把 99 双凉鞋分别送给了岛上有名望的人和一些年轻人，留下了 1 双自己穿。

因为这种鞋不怕进水，又可保护脚不受蚊虫叮咬和石块荆棘戳伤，岛上试穿的居民穿上之后都觉得舒服，不愿再脱下来，并且其余没试穿过的居民也都希望有一双这样的鞋子。

时机已到，推销员马上通知公司运来大批鞋子，很快销售一空。

一年后，岛上居民就全部穿上了鞋子，C 鞋厂依靠先发优势垄断了整个太平洋岛国市场，大家将这个鞋子亲切地称为"洞洞鞋"。

同时，C鞋厂申请注册了相关的专利和商标，并在全球范围内推广"洞洞鞋"，并大获成功。

想必聪明的您也猜到了，C鞋厂就是赫赫有名的"Crocs"品牌（卡骆驰）的拥有者。

|知识产权经济学启示|

岛上的居民从不穿鞋，这对于鞋厂的推销员来说，就有两种可能，一种是鞋子卖不掉，没有市场；另一种就是这个市场可以开拓出来，让岛上的人都穿上鞋。在这种机会均等的条件下，这两位推销员做出了截然相反的判断，所以就采取了相反的策略和努力，也就出现了两种截然不同的结果。

类似的，还有一个真实的案例：波导手机的创始人之一竺兆江，后来领导团队创办了传音控股公司。当年国内手机市场竞争激烈，于是他把目光瞄准了虽然底子薄但是发展潜力巨大的非洲市场，一做不要紧，传音手机竟然在2017年有超过1.2亿台的出货量，占整个非洲市场手机销量的47%。其中最重要的成功原因就是传音手机适应了非洲本土化的需求：

（1）主打功能而非智能。非洲市场消费水平低、起点低，手机并不普及，所以以语音通话功能为主的手机肯定要比智能机卖得好，并且针对非洲市场开发出了四卡四待的独特手机。

（2）根据风土人情设计特色。非洲人民特别喜欢音乐，他们在任何地点随便跟着一首曲子都能载歌载舞，传音手机基于此加大了扬声器的功率，使其声音扩大但又不失声音质量，并且买手机还附赠头戴式耳麦。在非洲，街边的路灯很少，夜晚大部分地方很黑，所以传音手机就加大手电筒的功率，提升亮度。而且非洲很多地区的电力供应很差，所以传音手机就采用了超大容量电池，可以待机一个月。

（3）拍照模式个性定制化。非洲人民的肤色普遍都是黑的，一般的拍照技术很难达到好的效果，传音公司就专门针对非洲人的肤色和脸部特征，开发出了用白眼球和牙齿来定位脸部的技术，并在此基础上推出非洲特色的美颜和滤镜。

传音手机的成功并非偶然，得益于竺兆江和他的团队前期对手机市场的准确分析。他们能精确定位专门市场，根据其本土化个性打造区域手机品牌，并根据需要从2017年开始加大专利申请和专利布局的力度，通过专利权的保护来保证其差异化策略。

所以，无论在什么领域，只要能坚持住自己的特色，能够在一个自己擅长的市场中去发展，总会闯出属于自己的一片天地。

反客为主的乞丐

小智是一个知识产权律师，信佛，信奉"舍就是得"。

一个乞丐到小智家里去乞讨，小智舍了 100 块钱。

第二个月，该乞丐又去了，小智又舍了 100 块钱。

就这样，持续了大约两年。

两年后的一天，乞丐又到小智家乞讨。

小智只舍了 20 块钱。

乞丐忍不住问："你以前都舍给我 100 块，怎么现在只舍给我 20 块啦？"

小智说："因为我结婚买房啦，需要还房贷，手头不太宽裕。"

乞丐顿时大怒，啪的一巴掌朝着小智的脸上打过去："你竟然拿我的钱去养你老婆！"

| 知识产权经济学启示 |

在互联网浪潮的冲击下，有些知识产权服务机构认为知识产权行业也应该用免费大开其道。

但是，当知识产权服务机构提供的一些免费服务让客户成为习惯，认为这就是理所当然时，这种服务就不再是优势，而变成了劣势。因为知识产权行业是个小众群体，难以像其他行业一样获得很大的用户流量后再通过其他的途径来接盘，这些打免费幌子的服务机构也不是慈善机构，天下没有免费的午餐，就算此刻是免费的，后面总会有坑等着客户跳，后续的无效、诉讼等服务水平也跟不上，长此以往，受到"暗算"和"亏待"的客户自然会全部流失掉。

正确站位的重要性

兔子看见乌鸦站在树上，整天无所事事地背《商标法》《专利法》。

兔子很羡慕，就问乌鸦："我能像你一样，整天什么事都不用干吗？"

乌鸦说："当然，有什么不可以呢？"

于是，兔子带上了乌鸦的面具，在树下的空地上开始休息……

忽然，一只狐狸出现了，它跳起来抓住兔子，把它吞了下去。

乌鸦自言自语地说："这只兔子太傻了，在树底下'山寨'我，怎么能看见工商执法队呢？"

|知识产权经济学启示|

如果自己想站着什么事情也不用干，那就必须站得非常高，只有站得高的人，才有绝对的话语权！

作为知识产权管理人才，不需要对知识产权的所有工作事必躬亲，只需贯彻执行企业的长远发展目标，将知识产权战略与企业战略做好无缝对接，引领知识产权战略为企业整体战略服务，具备发现问题并合理利用人才解决问题的能力。

这就像刘备，文不如诸葛亮、庞统，武不如关张赵马黄，反而能够随心所欲地管理一干人才，并最终建立蜀汉政权三分天下。刘备的祖上刘邦做得更好，据司马迁的《史记·高祖本纪》记载，刘邦对群臣道："夫运筹帷幄之中，决胜千里之外，吾不如子房；镇国家，抚百姓，给饷馈，不绝粮道，吾不如萧何；连百万之众，战必胜，攻必取，吾不如韩信。三者皆人杰，吾能用之，此吾所以取天下者也。"论各项能力，刘邦不如自己的手下人杰，但是刘邦能管理人杰，所以最终能取得天下。

作为一位知识产权团队的管理者，首先，要有宽厚的管理理论和知识产权知识，熟练运用知识产权规则为本企业制定创新机制和知识产权战略，实施知识产权管理；其次，要有一套激励知识产权团队人员的方法，让他们时刻充满信心，以最好的工作状态投入到知识产权工作中去；再次，能和团队人员进行深层次地沟通，能够站在他们的立场上换位思考制定政策和解决一些问题，同时也能关注到他们真实的想法和遇到的困难，在需要的时候帮助他，让他们不会觉得是一个人在战斗，而是整个团队团结一心在共同战斗。

劣币驱逐良币

一次战争中，将军为了激励士兵的士气，决定亲自到前线去视察战况。

前方的哨兵跟将军报告说："报告将军！前方200米的石堆中有一个敌人的狙击手，不过他的枪法很烂，这几天开了好多枪，可是都没有命中人！现在请您允许我们的狙击手把他干掉。"

将军听了很生气地说："你疯了吗？难道你要叫他们换一个枪法准的狙击手上来吗？"

哨兵频频点头，心里道："不愧是将军啊！"

| 知识产权经济学启示 |

将军为什么不准许士兵把对方水平低的狙击手击毙呢？因为对方狙击水平低就对我方有利，这样高水平的狙击手自然无法派上用场，而由低水平的狙击手长期占据重要的位置，这在经济学中叫作"劣币驱逐良币理论"。

该理论由16世纪英国伊丽莎白铸造局长格雷欣提出：在金属货币的流通过程中，消费者保留储存成色高的货币，使用成色低的货币进行市场交易、流通，当一个国家同时流通两种实际价值不同而法定比价不变的货币时，实际价值高的货币或银子（良币）必然要被熔化、收藏或输出而退出流通领域，而实际价值低的货币（劣币）反而充斥市场。

在中国的专利代理领域，在大部分情况下，客户并没有能力辨别一份专利申请文件属于非常优秀、合格还是不及格。有些专利代理机构会认为既然客户对代理质量优劣没有分辨能力，自己在代理业务时敷衍了事也没有多少风险，于是就用"价格战"来吸引客户，走"薄利多销"的路线。而大部分对于专利不甚了解的客户会更倾向于选择价格最低的代理机构。于是，逆向选择占据了优势，市场就变成了一个"劣币驱逐良币"的市场。在这种市场里，专利代理机构获取客户的主要手段只能是不断降低价格进而打价格战，这就导致了专利代理费不但二十几年没有增长，反而有不断下滑的趋势。

长此以往，不但会导致该领域的优秀人才流失，也会造成该领域难以吸引高水平的新人加入，并会形成整个国家的专利申请质量不断下降的趋势。虽然一些地方协会制定了一些限制低价竞争的标准，但是由于各地消费水平不同，代理水平、代理项目的工作量差异也很大，起到的作用也不是很明显。

第4章

IP 分析经济学

需要是发明之母,但专利权是发明之父。

——(美国)乔什·比林斯

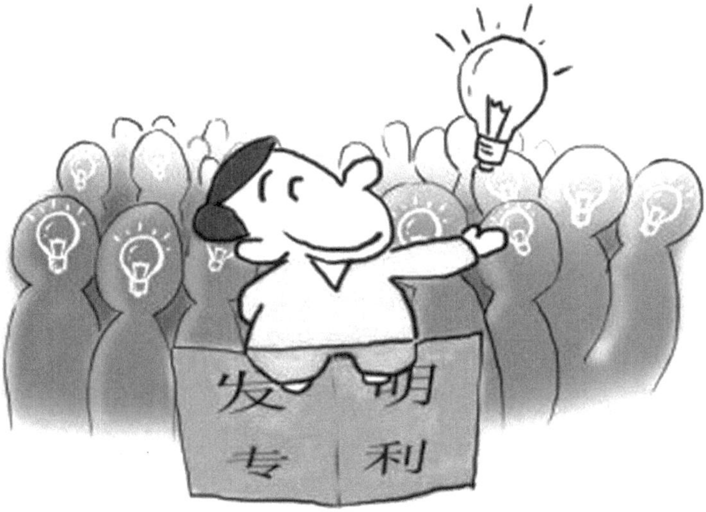
发明
专利

舌尖上的分析师

大豆买回来，可以榨油卖钱；榨油剩下的豆粕，可当肥料或饲料卖，赚钱。

大豆买回来，要是没保存好，受潮发芽了，那就当豆芽卖，可赚钱。

豆腐做得嫩了，就卖嫩豆腐，赚钱。

豆腐做得老了，就卖老豆腐，赚钱。

豆腐做得太水了，就卖水豆腐，赚钱。

豆腐做得太干了，就卖豆腐干，赚钱。

豆腐水放的实在太多了，那就卖豆浆和油豆皮，赚钱。

豆腐不小心掉油里了，那就卖油豆腐，赚钱。

豆腐没卖完，臭了，就卖臭豆腐，闻起来臭，吃起来香，保证赚钱。

豆腐没卖完，烂了，那就做豆腐乳，人人都喜欢，包你赚钱。

豆腐渣湿的可卖给养猪的，可赚钱；

豆腐渣晒干可以酿酒，可赚钱。

|知识产权经济学启示|

转化的灵感：大豆富含蛋白质，但是直接食用不利于消化，大豆加水磨制成豆浆，豆浆加石膏卤转为豆腐，低温下豆腐变成冻豆腐，高温下豆腐在有益菌的帮助下发酵成为毛豆腐，毛豆腐继续转化变成臭豆腐，好的厨师能够利用一种食材，合理地利用其转化制作不同风格的美味食品（例如乐山豆花、麻婆豆腐、大烫干丝、油煎毛豆腐、安徽臭豆腐，等等）。[1]

---

[1] 节选自中国中央电视台于 2012 年推出的美食类纪录片《舌尖上的中国》第一季。

专利数据转化也一样，面对千头万绪的复杂数据和专利信息应该能够像"庖丁解牛"一样分解开来为我所用。除了以"数"为"据"还原行业的专利真实情况外，还要熟悉企业运营流程，掌握各业务模块的基础知识，用 PEST 方法分析各种外部条件，才能透过冰冷的专利数据表面解读专利数据变化之后的管理和运营策略，作出的报告才能更接地气。

自然的馈赠，选择合适的专利数据库。大自然赐予我们丰富的美食原材料，专利数据库赋予专利分析最宝贵的信息资源，因为专利文献记载了世界上最全面、最新的技术信息情报，据世界知识产权组织报道，世界上发明成果的 70%～90% 首先在专利文献中公开。面对专利信息数据库这个无比巨大的"原材料资源"，专利分析师（厨师）根据不同的检索目的（菜系、食客、时节）确定检索目标，通过技术信息检索、新颖性检索、法律状态检索、同族检索、申请人检索、发明人检索等专利检索方式获得定向数据分析所需的基础数据（完成原材料采购）。厨师用自己的高超厨艺通过煎炸烹炒令原材料变成饕餮美食，专利分析师则要利用不同专利分析手段将原始的专利信息从量变到质变，转变成更有针对性、更有价值的专利情报大餐。

心传的火候，检索分析收放自如。烹饪时，火候的把握需要根据原材料的性质和炉火的大小来判断。专利检索时，数据的准确性和效率之间的合理协调就是"检索火候"把控。专利数据分析属于小数据分析范畴，因此首先必须保证检索数据的查全查准，然后根据分析研究模型误差允许的范围度适时终止检索。专利分析时，分析深度广度和用户需求之间的有机平衡就是"分析火候"的拿捏。从用户的价值出发，基于对产品、对用户的了解用心做专利分析，好比根据食客或浓或淡的口味喜好为其量身定做美食一样，在用户满意的基础上还要有意想不到的建议作为专利分析报告的"赠菜"，而赠送的配菜风头切忌盖过主菜——用户的真实需求。

厨房的秘密，专利分析工具要精勿滥。"工欲善其事必先利其器"，中餐厨房的秘密在于厨师追求一刀一生，用刀讲究力透腕指、气贯刀尖；中餐厨师能够一刀多用，砍、切、剁、推、拍、拉、抖样样精通。专利分析师将采集后的专利数据清理后，加工汇总，利用数据分析相关的软件工具进行专利分析。专利分析过程中固然可以使用多种分析工具，但是应当将重点聚焦在目标实现上而不在过程中，例如好的专利分析师数据提取之后仅用 Office Excel 便能基本完成所有专利数据统计。需要注意的是，专利分析所使用的工具只是一种实现手段而已，分析过程中不应过度依赖于专利分析工具。

秀色亦可餐，用心感受报告图表之美。美食讲究色香味俱全，"色"排品食之首位，因为秀色可餐，粗茶淡饭亦能悄然变成珍馐美食。专利分析中用心制作数据图表，透过图表看数据，用色彩丰富、清晰简明的图表代替大量堆砌的文字和数字，让读者以愉悦的心情去阅读相对枯燥的数据分析报告，有助于读者更形象直观地看清问题，也有助于让专利分析的结果更深入人心。

五味的调和，造就丰满的专利分析报告。烹小鲜讲究酸甜苦辣咸的五味调和，这样才能展现美食愉悦鼻腔、刺激味蕾、满足感官的最佳效果。专利分析报告也要讲究咸甜酸辣苦五味调和的搭配，以保证分析报告可读性强。整个报告要贯穿"盐焗鸡"一样以咸为主的明晰的分析主线，点缀"糖水桂花梨"一样以甜为主令人兴奋的分析结论，找出"糖醋菠萝排骨"一样酸甜可口开胃生津的重要专利，坚持"重庆麻辣火锅"一样的犀利热辣的观点，重视"凉拌苦瓜"一样追求苦尽甘来的问题发现与解决思路。

蛋炒饭，最简单也最困难的是分析结论。正像歌里唱的那样："蛋炒饭，最简单也最困难，中国五千年做饭的艺术就在这一盘。"专利分析报告的结论也一样，既要简练明了，又要概括准确，还要建议中肯，最好提供可选的解决方案。美食需要尊重食材的本味，专利分析结论则要真实反映分析结果，不能粉饰太平更不能随波逐流。另外还要能够充分解读数据分析的结果，并且能够发现其中的机会或问题，即使在不完备的信息和数据中也能洞察数据背后的问题和关联，并尽可能给出多个解决方案供用户选择。

全国蚊子创新大会

有一群科技系统的蚊子聚在了一起，召开全国蚊子创新大会。

一只领导模样的蚊子对属下严厉斥责道："我们在蚊子界混了这么多年，都是白混，到现在连电的问题都没能解决，还整天围着灯泡瞎转悠。我们的技术人员都是干什么吃的？你看人家萤火虫，靠自主研发，解决了发电的问题，这有多了不起！所以我们必须研究出具有自主知识产权的东西来，否则靠别人到什么时候都不行！"

一只科研人员模样的蚊子说："方案 A：我们可以走引进—吸收—再开发的路线，先与萤火虫结婚，等生出能发电的新蚊子来，再规模化繁殖发展。"

一只投资人员模样的蚊子说："方案 B：不用那么麻烦，我们可以花钱，建个孵化器，吸引一批萤火虫，然后我们蚊子利用自己的技术优势，在每只萤火虫身上吸一口不就行了？"

一只知识产权管理人员模样的蚊子说："上述两种方案都不好，因为一旦我们蚊子会发光，不都被人轻易拍死了？！我还有方案 C：我查过了，萤火虫没有申请专利，我们可以去申请该技术的基础专利，然后围绕它进行外围专利布局，坐等收钱不就行了！同时，我们还可顺手牵羊，申请'电蚊拍''电蚊香'等专利，将专利许可费定得高高的，人类再想使用这些技术消灭我们得付出代价！"

蚊子领导当场拍板，说："还是方案 C 靠谱，既有优劣势分析，又有专利检索、专利布局，还在战略上有利于我们蚊族的长期发展，还是知识产权部门有水平、有高度！"

知识产权经济学启示

企业的知识产权部门往往不受重视，其中主要的原因是公司领导层觉得知识产权部门只是个边缘部门，无法为公司的整体战略决策。这时，知识产权部门应当主动发声，首先了解公司知识产权内部环境和外部环境，内部环境包括企业专利战略、商标战略、商业秘密战略等知识产权战略的资源配置、组织架构、综合管理和具体实施等内容；外部环境包括PEST（政治、经济、社会、技术）等宏观因素，要清楚整个外部环境是知识产权严保护还是弱保护，再结合行业状况、竞争形式等微观因素，来调整企业的知识产权战略为企业的整体战略服务、导航。

了解知识产权环境后，在作出战略决策之前，还要尽可能全面而详尽地掌握与决策有关的情报信息，重视决策前的信息收集和系统分析。例如，专利情报的检索、分析、加工在企业专利战略制定中具有非常重要的作用，因为它具有信息量大、公开性、新颖性、创造性、实用性、法律性等特点。信息收集之后还要进行信息分析，通过信息分析一是能够发现环境中可以利用的机遇，二是预测局势发展的轨迹。

世界蓝色巨人 IBM 是美国四大工业公司之一，拥有 40 多万员工，年营业额超过 500 亿美元，几乎在全球各国都有分公司。IBM 是世界公认的从优秀到卓越的公司，是基业长青的高瞻远瞩的公司。1947 年，世界上第一台电子计算机问世，主流观点认为计算机将主要用于科学运算，而托马斯·沃特森敏锐地发现将来计算机的用途在于数据处理，因此 IBM 进行战略调整，集中力量研发商业数据处理用计算机，并进行完备的知识产权布局，凭借超前的知识产权战略，IBM 最终成为世界上最大的计算机企业。

科技改变世界，技术改变生活

11月初的上海，秋意渐起。

正是出差好时节，皮箱在手，说走就走。

逃离了帝都的重重雾霾，被魔都的外滩靡靡之风吹的颠三倒四。

匆忙地到下榻酒店，把随身带的行李归置好。

市场副总裁永远是看起来风光，其实各种滋味谁人能体会？

忙忙碌碌的折腾了几天，订了回京的高铁。

时间不等人，高铁同样不等人。

掐着点退房，无奈宾馆前台已经"人满为患"。

偏偏公司有规定，必须开增值税专用发票。

看着酒店前台小姑娘手忙脚乱的样子，实在无奈。

"营改增"的推广确实让酒店退房开票忙成一锅粥了。

入住的客人拿着各式各样的开票信息。

有的公司用心良苦，制作了精美的类似名片大小的卡片。

有的就很粗糙了，拿A4纸直接打印了半张。

最痛快的莫过于客人直接把手机丢给前台，意思是你看着输入吧。

早上11点，正是酒店的退房高峰期。

络绎不绝的出差人士拉着皮箱涌向前台。

"发票开好了么，能不能快点啊，赶飞机呢……"

"小姑娘，这开票信息不对啊，少了一个8，回去没法报销啊……"

"站这里10分钟了，还没开出票来……"有客人开始抱怨上了。

"对不起,就一台开票机器,您稍等一下。"

"您好,您的手机锁屏了,请重新输入一下密码。"

"稍等,马上就好,稍等一下,正在开……"

前台姑娘敢怒不敢言,只能是低着头依旧手忙脚乱。

我自诩脾气好,不与人争,但是抬起手腕看了看表……

我客气地说:"您好,我赶高铁,能不能先给我把发票开好?"

"对不起,现在开票人多,估计得等一会儿。"

"……"

"要不您留下开票信息和地址,给您邮寄到公司可以吗?"

"……"

看着来自全国各地面露焦急的退房客人。

看着前台那两个欲哭无泪的小姑娘。

我在想,怎样可以让退房开票更快速一些呢。

……

坐在高铁上,看着窗外田野由绿变黄,

我飞快地把这个需求敲回了公司。

……

(一周后)

各地星级酒店前台……

"先生您好,退房么?"

"是的,我需要开专用发票。"

"好的,请提供您的开票信息。"

"这是我的开票信息卡片,给您。"

一分钟后……

"先生您好，您的发票开好了，请仔细核对。"

"这么快就开好了？你们酒店的服务太好了！"

"您客气了，为客户提供满意的服务，是我们应该做的。"

11点了，又是一天之内的退房高峰期，另一位客人应声到了前台。

"女士您好，退房么？"

"是的，对了，我们公司需要开专用发票。"

"好的，请提供您的开票信息。"

"嗯，我把开票信息拍了张图片，存在手机里了，你对着手机输吧。"

"女士您好，为了保证您的个人隐私，您可以直接把开票信息发送给我。"

"发给你？加你微信么？"

"不是的，您只需要扫描我们酒店的二维码，把您的开票信息图片发送给我即可。"

"哇，这么方便，太好了，我现在就发给你。"

一分钟后……

"女士您好，您的发票开好了，请仔细核对。"

"天哪，这么快，别的酒店都得等老长时间了，谢谢啊。"

"您客气了，为客户提供满意的服务，是我们应该做的。"

此时此刻，我站在大堂金碧辉煌的水晶吊灯下，笑了。

客人面带微笑的陆续走出了酒店，上了出租车。

大堂经理和我侃侃而谈，对我竖起了大拇指。

仅仅一个星期，酒店的好评如潮，入住率翻倍。

退房快，开票快，服务好，谁不愿意入住呢？

科技改变世界，技术改变生活！

我默默地在心里对我们的技术团队点了个赞。

一周时间，产品研发出来，成功地应用在各大连锁酒店。

我真心觉得干了一件漂亮的事儿，心情格外的好。

和大堂经理告辞后，我踱步走在北京的大街上。

看着川流不息的车海，看着纠缠不清的雾霾。

我想到了一个词，黑科技。

呵呵，黑科技太神秘了，不是我这凡夫俗子能及的。

我又想起了前台姑娘惊讶的表情。

对我们的产品赞不绝口，简单，好用。

让她们第一次觉得高科技也可以 So Easy。

我是在写诗么？

显然不是，我只是讲了一个我创业过程中开发新产品的故事。

从个人出发，从需求出发，从用户出发，关键我还为其申请了专利、著作权和商标的一系列知识产权保护！

从法律上保证其垄断权！从而，市场需求越大，我的利润也就越大。

| 知识产权经济学启示 |

进入 21 世纪，为什么像诺贝尔、爱迪生、特斯拉之类的大发明家越来越少？是因为人都变笨了吗？不是的，因为真正的从无到有的发明创造在这个分工更细化的时代其实不多，更多的发明创造是为解决用户需求出发的一些微创新，用户至上体验为王。

但是需要提醒企业的是，在通过高科技获取用户流量的同时千万别忘了对自己的知识产权进行保护，因为这也是一个发明创造更容易被仿制的时代，"这是最好的时代，也是最坏的时代"。

园艺师告诉你如何筛选知识产权资产

一个世界 500 强企业,由于前期知识产权申请太多,导致专利成了企业的重资产,老板邀请了一位知识产权管理大师前来梳理。

大师来了以后,什么都不干,天天找人喝茶聊天。

三个月过去了,老板急了,找大师喝茶。

大师讲了个故事,说:

"我有位朋友,买了栋带着大院的房子。他一搬进去就将那院子全面整顿。杂草、树一律清除,改种自己新买的花卉。某日原先的屋主造访,进门大吃一惊地问:那最名贵的牡丹哪里去了?我这位朋友才发现,他竟然把名贵的牡丹当杂草给铲了。

"后来他又买了一栋房子。虽然院子更是杂乱,他却是按兵不动。果然,冬天以为是杂树的植物,春天里开了繁花;春天以为是野草的,夏天里成了锦簇;半年都没有动静的小树,秋天居然红了叶。直到暮秋,他才真正认清哪些是无用的植物,而大力铲除,并使所有珍贵的草木得以保存。"

说到这儿,大师举起茶杯,说道:"老板,如果将咱们的企业比作花园,所有专利就都是其间的珍木。珍木不可能一年到头开花结果,只有经过长期的观察才认得出啊!"

老板点头认可。

果然,一年后,在知识产权大师的梳理下,企业的知识产权部门不但扭亏为盈,还成了市场竞争的重要武器之一。

| 知识产权经济学启示 |

对于企业的专利而言，通过SWOT分析（优劣势分析）做专利竞争力测评后，以公司发展战略为核心，把专利分为三类：未来发展所需专利、当前可经营专利、已失去商业价值的专利。

然后，"远交"第一类专利，"近攻"第二类专利，"冷淡"第三类专利：对于企业未来发展可能有关键作用的专利应重视，并投入人力物力进行配套技术的开发研究，并为核心专利申请外围专利进行专利布局；对于当前可经营的专利，应积极促成合资开发或及时出售来获得企业发展资金；对于没有利用和销售价值的专利，应通过终止缴费令专利权自行终止、主动放弃专利权、捐赠给非营利组织等方式果断放弃。

短命的专利

2018年8月1日,是个值得庆贺的日子,M公司的核心技术发明专利终于授权了。

老板对知识产权管理人员说:"你把这个专利挂到我们的专利墙上吧。"

知识产权管理人员在该专利证书的下面加了一个说明:核心专利,CN9810888888.8(1998年8月1日—2018年8月1日)

| 知识产权经济学启示 |

这个段子不是虚构的,而是有实际的案例,在20年专利权到期之后,才拿到授权:英特尔的一件专利申请CN201210161092.2,其申请日为1995年12月1日,授权日为2016年6月29日。

这种情况是怎么出现的呢?申请人英特尔的原申请(申请号95197430.0)的申请日为1995年12月1日,该案于2002年11月20日被授予专利权,2015年12月1日专利权到期;分案申请于2002年7月2日提出,该案于2008年8月20日被授予专利权,2015年12月1日专利权到期。申请人英特尔又在2007年提交了一件分案申请,授权时间是2012年7月4日;接着申请人英特尔又在2012年5月14日提交了另一件分案申请(申请号201210161092.2),在2016年6月29日获得授权。

因此,为了避免自己企业的专利授权即过期,必须提前做好申请的规划设计。

(19) 中华人民共和国国家知识产权局

(12) 发明专利

(10) 授权公告号 CN 102841776 B
(45) 授权公告日 2016.06.29

(21) 申请号 201210161092.2
(22) 申请日 1995.12.01
(30) 优先权数据
　　08/349047　1994.12.02　US
(62) 分案原申请数据
　　95197430.0　1995.12.01

(73) 专利权人 英特尔公司
　　地址 美国加利福尼亚州
(72) 发明人 A·皮莱格　Y·雅列　M·米陶尔
　　　　　　L·M·门纳梅尔　B·艾坦
(74) 专利代理机构 中国专利代理（香港）有限公司 72001
　　代理人 朱海煜
(51) Int.Cl.
　　G06F 9/30 (2006.01)
(56) 对比文件
　　CN 100412786 C, 2008.08.20,

JP 昭55-37648 A, 1980.03.15,
CN 1080740 A, 1994.01.12,
US 5091848 A, 1992.02.25,

审查员　张剑峰

权利要求书6页　说明书15页　附图12页

(54) 发明名称
可以对复合操作数进行压缩操作的微处理器

(57) 摘要
本发明的名称是"可以对复合操作数进行压缩操作的微处理器"。一个处理器包括用于存储第一压缩数据的第一寄存器(209)，解码器(202)和功能单元(203)。解码器有一个控制信号输入(207)，用以接收第一控制信号和第二控制信号。第一控制信号用以指示压缩操作，而第二控制信号用以指示拆开操作。功能单元连接到解码器(202)和寄存器(209)上。功能单元除执行移动操作外还使用第一压缩数据执行压缩操作和拆开操作。

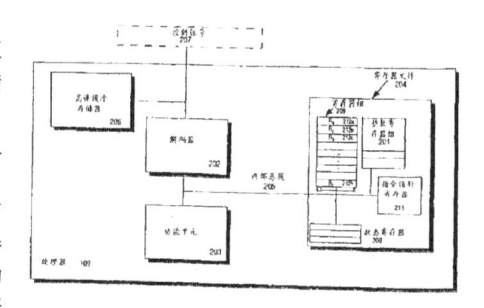

"专利组合"和"专利池"的形象比喻

有一个专利菜鸟问前辈道:"什么是专利组合?"

前辈拿了一些烂水果问他:"你打算怎么把这些水果卖出去?"

菜鸟想了半天说:"我按照市场价打折处理掉,卖1元。"

这位前辈摇头,拿起一把水果刀,把烂水果去皮切块,弄了个漂亮的水果拼盘,接着说:"这样,按照几十倍的价格卖掉,卖30元。这就是专利组合!"

另外一位前辈将烂水果削皮,用榨汁机榨成汁,放到设计漂亮的玻璃瓶中出售:"这瓶原生态鲜榨果汁卖50元,这就是专利池!"

| 知识产权经济学启示 |

专利组合(Patent Portfolio)是指单个企业或多个企业为了发挥单个专利不能或很难发挥的效应,而将相互联系又存在显著区别的多个专利进行有效组合而形成的一个专利集合体,达到"三个臭皮匠,胜似诸葛亮"的效果。

与单个专利相比,形成有效专利群的专利组合具有以下的优势:

(1)提升专利防御水平。在面临竞争对手的专利诉讼时,拥有一定规模的专利组合,意味着能够凭借更宽系列的侵权请求项,大大增加反诉的成功率。同时,拥有保护严密的专利组合,使得竞争对手难以绕过或规避,从而可以增加模仿者的成本,起到更好的专利防御效果。

(2)避免高昂的诉讼费用。企业通过在特定领域拥有较强控制力的专利组合,能够有效地减少被专利诉讼的次数。因为,第一,能够对试图发动专利攻击的对手产生震慑，使其害怕被反诉而不敢轻易发起诉讼，从而用谈判和解的方式替代专利诉讼；第二，发现其他人侵权时，通过专利组合宽大的范围更容易取证，从而占据主动地位；第三，如果在某个领域有多个专利权人持有专利组合，由于彼此忌惮，更容易组建行业"专利池"，共建产业"生态圈"，消除对立影响，寻求共同发展。

（3）提高谈判地位。拥有专利组合的企业，能够依托于其完善的产品系列保护措施，获得较高的谈判地位，从而团结更多的上下游供货商和分销商，且能够吸引意图提升和扩展现有技术的合作伙伴。

（4）在标准制定中占据优势。在标准制定过程中，专利都是以组合的形式来评估考察的，所以在标准分红时，专利组合的大小非常关键。

（5）提升吸引资本的能力。在高新技术产业中，有效专利组合能够消除投资者对于专利风险的担心，且通过专利信息能够为资本市场提供有关竞争能力、理性和长期预测方面的情报。

（6）便于企业持续创新。拥有宽大保护范围的专利组合，能够使企业获得自由研发、应用、生产、出口的能力，也方便企业资源的整体调配，企业可以自由地投入技术研发和领域的扩展中，从而便于企业持续创新。

（7）能够吸引外部创新。强大的专利组合能够为企业带来强大的市场竞争力，从而产生产业"虹吸效应"，让更多的拥有创新能力的中小企业来投靠自己，企业就能在相关的市场领域内发挥更大的创新集合效应。

企业在实施专利战略时，必须遵循市场规律，如果企业拥有该领域的核心技术，围绕核心专利构筑少量的专利组合就能获得市场竞争优势；如果企业所在的产业专利密集，无法形成绝对的核心专利优势，必须依靠专利群的力量来参与竞争，以与竞争对手达成专利交叉许可。

没有知识产权的模仿等于自落陷阱

小财想做一套家具，就走到树林里砍倒一棵树，并动手把它锯成木板。

小财锯树的时候，把树干的一头搁在树墩上，自己骑在树干上；还往锯开的缝隙里打了一个楔子，然后再锯，干了一会儿又把楔子拔出来，再打进一个新的地方。

一只猴子坐在一棵树上看着他干这一切，心想：原来伐木如此简单。

小财干累了，就躺下打盹……

趁这时，猴子爬下来骑到树干上，模仿着小财的动作锯起树来，锯起来很轻松，但是，当猴子要拔出楔子时，树一合拢，夹住了它的尾巴。

猴子疼得大叫，它极力挣扎，把小财给闹醒了。

最后被小财用绳子捆了起来卖到马戏团，小赚了一笔。

知识产权经济学启示

虽然段子中小财贩卖动物是违反《动物保护法》的，但是，在生活中对于恶意模仿、不求创新的企业不能心存善意。

很多日本企业是靠模仿欧美产品起家的，但是他们在模仿中有创新，这就促成了日本经济 30 年的兴旺。我国许多企业生产的产品也是模仿欧美企业的，但是我们在模仿中没有创新，所以如今电视、DVD 等许多产品的核心技术不在我们手中，这就像猴子的尾巴，一不小心就被树夹住。由此可见，模仿固然重要，但创新和专利技术更为关键。

商业模式保护的重要性

小智公司新来了一个女同事叫小美,大眼睛、瓜子脸、长腿细腰,简直就是小智心中的女神。

一天,小美老公给她送饭,没说话放下就走了……

小智向小美搭讪道:"刚才那男人是谁啊?"

小美不好意思透露隐私,于是机智地回答说:"送外卖的。"

小智又问:"你怎么没给钱?"

小美悠悠一笑,说:"不用给,抽空陪陪他就好了。"

小智瞬间凌乱地看着小美,沉默了一下午。

第二天,小智给小美带了午饭……还是三菜一汤!

| 知识产权经济学启示 |

商业模式不可简单地模仿,别人的模式一定有其前置的条件、准入标准或知识产权保护手段,模式复制前一定要做到信息对称,否则不可能成功。综合而言,商业模式知识产权保护,主要有以下三种保护方法。

(1)立体化的专利保护手段。

首先,2017年4月1日起,国家知识产权局发文公告:与技术相关联的商业模式可以申请专利保护。这样一来就使得商业模式的保护主体从不能授权的"智力活动的规则和方法"转变为可授权的对"技术方案主体"的保护,对技术专利的审查就自然转换成了是否具有新颖性、创造性的审查。

其次,企业可以对商业模式衍生的产品进行专利保护,从而达到侧面、局部保护商业模式的目的。例如，用"曲线救国"的方式布局商业模式的外围专利，对其配套设备、装置、电子系统等申请专利保护自己的核心商业模式。

另外，企业应对商业模式申请界面（GUI）外观设计专利保护，对商业模式涉及网页的外观、风格、特色等申请界面保护。

（2）通过著作权法对自己的商业模式进行保护。

以互联网的商业模式为例，除了包含软件、技术等内在组成部分外，其最大的价值更在于内容的原创性，这时商业模式外在形式实际是一种作品，可以用著作权法进行保护。例如，通过软件著作权对支撑商业模式运转的软件实现保护，通过作品著作权可以对商业模式中的文字作品、美术作品、视频作品等进行保护。

（3）将"电子商务"等商业模式进行商标保护。

《商标法》主要从企业商誉的角度保护商业模式，因此企业应及时将"电子商务"等商业模式进行商标保护。

专利分析师是数羊的

一天，一个农民赶着一群羊在草原上走。迎面碰到一个人对他说："我可以告诉你，你的羊群有几只羊。"

这个人用卫星定位技术和新的网络技术将信息发到总部的数据库……片刻后，他告诉农民共有 1460 只羊。

农民点头称对，并说十年没丢羊了。

这个人又说："我可以提供方案对你的牧羊方法进行保护，谁都用不了。"

随后，他要求农民给他一只羊作为报酬，农民答应了。

不过农民说："如果我能说出你的职业，您能否把羊还给我？"这个人点头。

农民说："你是专利分析师。"

这个人很惊讶地问农民是怎么知道的。

农民说："有四个理由：一，我没有请你，你就自己找上门来；二，你告诉了我一个我早已知道的东西，还要向我收费；三，一看就知道你一点都不懂我们这一行，你刚刚抱走的那只根本不是羊，而是只牧羊犬；四，你把我的牧羊犬抱走了，我的羊都丢了，你用专利保护什么啊！"

专利分析师很惭愧，回去仔细研究了一番，几个月后，又找到了这个农民。并用各种统计方法和不同工具进行了全面地判断，最后，他告诉农民羊群共有 1460 只羊，仅有 5 只公羊，有 500 只母羊，其余为羊羔，根据一些特征，羊群可以分为"安静肯吃型""四处跑动型""活蹦乱跳型"三类（安静肯吃型：不挑食，育肥快；四处跑动型：经常在羊群外围跑动，挑食；活蹦乱跳型：小羊，它们的行为会影响成年羊）。

农民听后既惊讶又失望，惊讶的是一个没放过羊的人和他一样了解羊群，失望的是和上次一样，他所听到的都是他早已知道的。

|知识产权经济学启示|

目前，包括专利分析师在内的数据分析师就有这样的境遇。他们是企业内部组建的"智囊"，被要求执行有关战略、解决业务问题等，被寄予厚望。不过，真正体会到价值的企业怕是不多，就像改编的故事一样，数据分析员、数据分析师们很快掌握了企业内部的"经验"，每个问题都能说出1、2、3，但为企业增值做出的贡献又能有多少呢？

富有经验的人才一直被企业所重视，但必须把"有经验"和"拍脑袋"区分开来看待，因为很多人把"拍脑袋"这顶帽子扣到了所有领导者头上，而从未估计这个人是否富有经验。

数据分析被重视后，在职位上获得工作经验比以前更加快速和方便，一个熟悉数据分析、数据挖掘的新人，能够根据企业多年经营数据，快速入行，快速积累工作经验，然而，面对不期而遇的业务问题却多少有些茫然，此时，他们被打回原形，甚至不如一个身经百战的营业员。有头脑的领导者都知道：一线基层员工更加清楚这个业务问题为何会发生、应该如何解决！

专利分析师不只是数羊的

一个农民赶着羊群在草原上走，迎面碰到一个人对他说：

"羊群共有1460只羊，仅有5只公羊，其余为母羊和羊羔，可以繁殖的母羊有500只。

"当务之急是卖掉可以出栏的小羊，马上引进一定数量的种公羊，以解决当前种羊和母羊比例严重失调的问题。

"根据对市场的预估，5月份每卖掉一只小羊将比4月份多赚200元，因此，我们必须把握先机，4月前完成育肥，5月清栏。

"对于四处跑动型的羊，有必要采取一侧前后两条腿绑绳的方法限制其大范围跑动，目的在于减少不必要的能量损耗，对于活蹦乱跳型的小羊，应采取与成年羊隔离的放养方式。

"并且这种方式是在草原上养羊的最好方式，建议你申请专利方法进行保护！"

农民听后，非常感谢专利分析师，说："这才是我想要的咨询，不但能够准确地分析出问题，还要能帮我想到解决问题的方案啊！"

|知识产权经济学启示|

什么是数据探索？数据探索，就是在大量数据集中发现有用关系的系统性的方法，在开始之前，不必知道寻找的是什么，可以通过拟合不同模型和研究不同关系来探索数据，直到发现有用的信息为止。

数据分析师不应当只会"数羊",不应当只是发现本应该发现的"经验和常识",而应当掌握数据探索,发现潜在的价值,预见可能将发生的某种"坏的未来",同时也要预见"好的未来",在规避风险的同时,还能为用户提供解决方案,才能抓住机遇,让数据探索体现出应有的价值。

啤酒与尿布的缘分

20世纪90年代的美国沃尔玛超市,管理人员分析销售数据时发现了一个令人难以理解的现象:在某些特定的情况下,啤酒与尿布这两种看上去毫无关系的商品,竟然会经常出现在同一个购物篮中。

这种独特的销售现象引起了管理人员的注意,经过调查发现,这种现象主要出现在年轻的父亲身上。

因为,美国有婴儿的家庭中,一般是母亲在家中照看婴儿,年轻的父亲前去超市购买尿布。

在购买尿布的同时,有30%~40%的父亲为了犒劳自己往往会顺便为自己购买啤酒,这样就会出现啤酒与尿布这两种看上去不相干的商品经常出现在同一个购物篮的现象。如果这个年轻的父亲在卖场只能买到两件商品之一,则他很有可能会放弃购物而到另一家商店,直到可以一次同时买到啤酒与尿布为止。

沃尔玛发现了这一独特的现象后,开始在卖场尝试将啤酒与尿布摆放在相同的区域,让年轻的父亲可以同时找到这两种商品,并很快地完成购物;而沃尔玛超市也可以让这些客户一次购买两种商品,而不是一种,从而获得了很好的商品销售收入。

同样的道理,在21世纪智能手机普及之后,排队的顾客不再没事干了,玩玩游戏,就该结账了,放在收银台旁边的口香糖销量顿时锐减。这就是:如果跟不上趋势,虽然战胜了所有对手,却输给了时代。

| 知识产权经济学启示 |

过去 50 年，全球的专利数量已经超过 1.3 亿条。这些海量的数据包含着丰富的知识产权信息，是一座巨大的"金矿"，如果对这些数据进行采集、管理、处理并整理成为对企业经营决策具有参考价值的资讯，对我国创新驱动发展将具有重大作用。

对这些汇集了人类智慧的结晶——知识产权大数据进行有效利用和深度挖掘，不仅是推动科技创新和知识产权创造、保护的重要基础，而且能创造出巨大的经济社会财富。比如，可以利用知识产权大数据找技术、做研发、找人才、聚资源，还可以利用知识产权大数据匹配项目、寻找投资、开拓市场和规避风险。

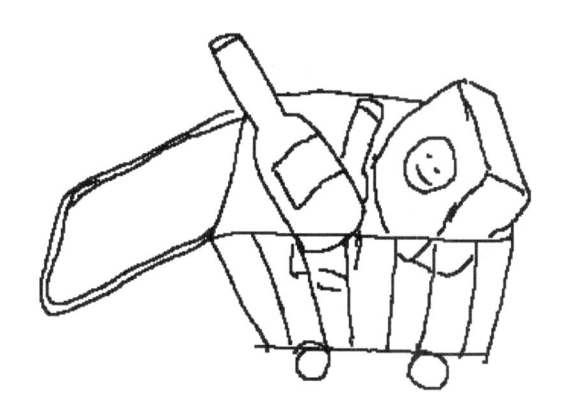

专利江湖百晓生

不分中外，在全球专利的创造性判断领域中，都存在一个无比牛的人——本领域普通技术人员！

他对于各自领域的技术，无所不知，无所不晓，上知三千年，下知三百年，可谓发明创造中的"擎天白玉柱，架海紫金梁"，但就是不具备创造力。

他还有个外号"专利江湖百晓生"，就像"全球妇产科知识最博学的男医生"一样，妇产科的知识什么都知道，就是不能亲自生孩子！

| 知识产权经济学启示 |

本领域普通技术人员，是指一种假设的"人"，假定他知晓申请日或者优先权日之前发明所属技术领域所有的普通技术知识，能够获知该领域中所有的现有技术，并且具有该日期之前常规实验手段能力，但他不具有创造能力。

之所以设定"所属技术领域的技术人员"这样一个假设的概念，目的在于通过规范判断者所具有的知识和能力界限，统一对专利申请和现有技术文献的理解，以及对创造性高度的要求，减少创造性判断过程中主观因素的影响。同样的，本领域技术人员在创新中的意义重大，因为只有通晓本领域的普通技术知识，才能有效、合理、快速地创新。

第 5 章

IP 保护经济学

加强知识产权保护是完善产权保护制度最重要的内容,也是提高中国经济竞争力最大的激励。❶

——习近平

---

❶ 节选自习近平出席博鳌亚洲论坛 2018 年年会开幕式的演讲。

高质量专利的撰写秘诀

技术问题：1+1=？

初级专利代理师：1+1=2。

专利审查员：根据专利法第 22 条第 2 款，没有新颖性，驳回！

中级专利代理师：1+1=3。

专利审查员：根据专利法第 26 条第 3 款，说明书不支持，驳回！

高级专利代理师：1+1=3−1=4−2=2−0=2+0=4÷2=4×1/2

专利审查员：授权！技术方案有新颖性和创造性，实施例又充分，这真乃一项高质量高水平的好专利！

| 知识产权经济学启示 |

同样一项技术，专利文件撰写的水平决定了该专利授权与否，同时也决定了专利保护范围的大小。专利文件撰写是将创新成果转化为专利权的重要环节，高质量的专利撰写代理服务既能促进技术方案的拓展和提升，又能帮助创新者获得与其技术贡献相适应的专利权保护范围。

撰写高质量的专利申请文件，能够鼓励知识产权服务机构结合自身技术特长和人才优势，发展高端知识产权服务，借此有效规避知识产权服务行业的无序竞争和低价竞争，避免劣币驱逐良币的情况出现。

广州广晟数码技术有限公司（下称：广晟数码）于2007年8月17日申请了"音频解码"的发明专利（申请号为CN200710141661.6），其优先权日为2006年8月18日，并于2009年5月20日获得授权。该专利中使用数字音频编解码（DRA）技术代替了杜比和DTS等欧洲音频标准，每年能够为国家节省80亿~90亿元的专利支出，该专利成功地成了我国《多声道数字音频编解码技术规范》（GB/T22726-2008）的标准必要专利，这就意味着众多彩电厂家在生产彩电时必然要支付专利费以使用该专利技术使其音频效果符合国家标准。

2017年7月，广晟数码对创维集团、海信集团、三星电子等厂家发起了专利侵权诉讼，索赔额达4亿元人民币。2017年8月，三星针对广晟数码的"音频解码"专利，向专利复审委员会提起了专利无效宣告请求。2018年2月27日，专利复审委员会就该涉案专利作出了"宣告全部无效"的审查决定。

那么，该专利权被宣告无效的主要原因是什么呢？正是因为专利文件的撰写质量不高！

首先，由于专利代理人在撰写该专利的说明书和权利要求书时没有很好地围绕改进的核心技术进行撰写，导致专利权想要保护的内容不能在说明书中突出体现，也未能通过权利要求加以保护，最终这些创新内容并没有得到应有的保护，反而白白贡献给了公众。

其次，在广晟数码的系列专利中没有很好地体现出不断改进的技术脉络，说明书背景技术部分和发明内容部分几乎一致，权利要求限定得过于笼统，并不能很好地体现各专利之间技术上的发展变化。因此，在前公开的广晟数码的专利成为现有技术之后，由于权利要求的描述上极其相似，反而对在其后申请的专利的新颖性或创造性产生了影响，即"自己的在前专利无效掉了自己的在后专利"。

广晟数码在音频编解码技术上花费了大量心血，也采用了适当的专利策略，而且还成功地将其中的专利运作成为标准必要专利，不可谓不用心良苦。

但是由于其在系列专利文件的撰写中没有体现出技术研发的脉络，更没有在权利要求中将各技术改进点加以限定，导致系列专利之间反而产生了混乱和重叠，最终在无效程序中失去了宝贵的标准必要专利，令人唏嘘不已。

道不同不相与谋

一位小学没毕业的大妈，误加入了一个名牌高校硕博毕业的技术交流群。

有人发红包提问："一滴水从很高很高的地方自由落体下来，砸到人会不会砸伤？或砸死？"

群里一下就热闹起来，硕博精英们援引各种公式，提出各种假设，就各种阻力、重力、加速度进行计算，足足讨论了近一个小时，还没有形成统一答案……

这时大妈默默问了一句："你们没有淋过雨吗？"

群里突然死一般的寂静……

然后，然后，大妈就被踢出群了……

这难道就是所谓的：道不同不相为谋？

| 知识产权经济学启示 |

现实生活中，往往学历越高，思维越僵化。知识可以给你带来更多思考方式，但是经验可以让你更快地解决问题。

研发的目的是令复杂的问题简单化，通过研发一个产品解决问题，让用户能够简单操作；而法律的目的是令简单的问题复杂化。

同样，一个好的知识产权律师，能够把简单问题背后的问题提取出来，援引法条，举例论证，能够令人信服，不易被辩驳。比如：对于诉讼而言，律师在接案过程中需要仔细收集和梳理当事人的已有证据，对证据进行简要分析，律师应该清楚地告诉当事人，还需要收集哪些证据，哪些事实还需要证据加以证明，如何进一步收集和整理证据，等等。在案件处理过程中，律师应关注这些问题：现有的证据能够证明哪些事实？哪些事实还需要证据证明？证据之间可否相互验证？是否需要申请证人出庭？是否需要向法院申请调取证据？当事人提供的证据有无法律风险，相应风险有无向当事人予以释明，等等。在庭审过程中，则需要围绕案件事实，就己方证据的证明事项、证明目的向法庭陈述清楚；就对方提供的证据，以证据的三性为核心，就其证明对象、证明事项、证明效力、证明目的等进行陈述和反驳。

能伸能缩的专利

专利对于一个公司的战略而言，是一个宝贝，但从某种程度上讲也只是个工具而已，企业得重视但是不能过度重视。

对公司而言，高质量的专利应具有以下几点特质：

第一，从不外露炫耀；

第二，关键时刻硬得起、撑得住；

第三，具有自己公司文化的遗传基因；

第四，善于攻击对手，而又尽量使其感到愉悦；

第五，既能制造专利摩擦，之后又使大家同感快乐；

第六，胜利后能谦恭的缩小自己，为下一次专利战做好准备。

总之，就是需要低调、有骨气、有能力。

|知识产权经济学启示|

退一步海阔天空，在专利战略布局中，是指退一步想，能使你的专利格局站得更高、看得更远；退一步看，能使你更清醒的认识自己的专利实力；退一步做，能给你的专利布局重新起飞提供足够的助跑距离……

专利制度设置的初衷，是为了保护创新促进发明创新，而不是为了造成垄断。专利战大多时候没必要拼得鱼死网破，达到双方共赢才是专利战的正道。正是基于这样目的，所以在法院作出最后判决前，专利诉讼大多都以和解的方式结案而告终。

大多数企业都不希望进入诉讼持久战，因为专利诉讼是个"杀敌一千，自损八百"的游戏，一旦启动时间就非常漫长，整个过程中必须要投入很多人力、财力和精力，经过一审、二审、终审再加上反诉的专利无效等程序，可能要好几年时间才能结束专利战。在市场瞬息万变、专利技术高速更新换代的今天，将大量的精力投入专利战中，即使一个企业经过千辛万难最终打赢了专利官司，也可能早已经失去了最佳的市场和发展时机，还可能造成双方两败俱伤的"负和博弈"现象出现。因此，如果原被告双方能就各自利益的平衡点互相达成妥协，采取积极和解的方式，更为可行。

同时，当企业已经成为市场上一个潜在的垄断势力，在政府根据《反垄断法》进行打击之前，主动地让出部分市场或公开部分专利技术，不仅可以使企业通过退出一定的市场空间换取更大的发展空间，规避被反垄断打击，还能培育更大的产业生态圈。

鼬鼠和狮子的博弈

有一只鼬鼠，偶然放了一个屁，把一只埋伏在草丛里的花豹给臭走了，它当场飘飘欲仙，有说不出的成就感。

鼬鼠心想："我都不知道自己这样厉害，原来传说中的猛兽也不过如此啊。"

它越想越得意："花豹和狮子也差不多，花豹甚至还狡猾些；既然花豹都被我赶跑了，那狮子呢？这样看来，狮子也没什么了不起吧，不如我去把王座给抢下来吧！"

于是鼬鼠就大摇大摆地跑去狮子的皇宫，大喊："狮子王滚出来，我要跟你决斗！"

狮子王懒洋洋地趴在它的大床上，一动也不动，连眼皮也没抬起来。

"喂，小猫咪，别躲啊，滚出来和大爷比试比试啊！"鼬鼠又大喊道。

鼬鼠把 361 句难听的话都骂过一轮，狮子还是呼呼大睡，它气得浑身发抖，只好走了。

过了一会儿，小狮子狐疑地问爸爸："老爸，您真的怕鼬鼠吗？为什么不出去教训它？"

狮子王笑了："我一个巴掌就能打死它！但你要想一想：我如果和鼬鼠比试了，它不管赢了还是输，都可以得到以小搏大的美名；而我呢？不管是第一秒就打赢它，还是一分钟后打赢它，所有的动物都会耻笑我，说我竟然跟一只鼬鼠打架！所以，我为什么要比呢？"

小狮子又问："不过这只小鼬鼠，出去会不会说您不敢和它比试呢？"

"放心！"狮子王严肃地说，"我看这只鼬鼠走路脚抬得高高的，很快就会被干掉了!"

果然,过了几个小时,《森林快讯》电台就传出了一只鼬鼠经过野猪林时,被大蟒蛇吃掉的消息。

| 知识产权经济学启示 |

在当今的商业社会中,专利诉讼往往被作为一种打击对手,强占市场的工具。如果诉讼双方实力相当,一般都会以和为贵。当实力较小的一方出于各种原因主动向实力强大的一方发起专利诉讼时,作为被告一方的大企业往往处于比较被动的局面,因为无论胜诉还是败诉,都相当于为原告方做了广告宣传,对于原告方而言,可以宣传别人侵权说明我的产品在市场上受欢迎,诉讼官司赢了说明我的技术是原创的,能够吸引各种媒体和社会公众的关注并大量报道,让品牌的影响力不知不觉扩散到消费者的心中。

作为被告方的大企业最好的做法是,低调地处理类似的诉讼事件,如果确实侵权,可以把作为原告方的小企业并购过来,补缺短板的同时能够最大限度地降低不良影响。

作为原告方的小企业也必须明白,即使胜诉了,专利也只是一个工具而已,获得真正的尊重还得靠产品和服务说话,不能得意忘形。

小偷的专利墙

警察抓住一个小偷，起获赃物时在小偷家中发现了一面专利墙，整面墙上赫然挂着 30 多个发明专利证书。

警察问："你这些专利证书也是偷的吗？"

小偷大声地争辩："这些都是我自己申请的，不信你到专利局官网上去查？"

警察一拍脑门，说："怪不得看你眼熟，你不是上过电视的发明家老王吗？怎么转行做小偷了？"

小偷不好意思地说："我以前是锁具方面的发明家，由于专利技术没人买，别人还老山寨我的产品，专利维权又入不敷出，只好利用技术特长去开别人家的锁谋生了……"

警察感叹："专利保护不力，害人不浅啊！"

| 知识产权经济学启示 |

长期以来，我国司法实践深受知识产权损害赔偿计算难、判赔数额低的困扰，有关知识产权案件审判普遍存在"重侵权认定、轻赔偿论证"的现象。在专利侵权案件中，我国损害赔偿的平均数额在 8 万元左右，这与美国等西方发达国家动辄几万美元到几十万美元的版权损害赔偿数额、几百万美元到几千万美元的专利损害赔偿数额，形成了鲜明对比。相信随着《第四次专利法修改案》通过的提高法定最高赔偿额、严厉打击恶意侵权等措施，专利发明人合法权益得不到保障的现象将会得到较大的改善。

第 5 章 IP 保护经济学 / 175

认狗当爹

小智，机智善谈。

邻居妇人，貌美但不苟言笑。

一天，好友小财去拜访小智，看见邻居美妇人在门口晒太阳，便对小智说："你不是号称'智多星'吗？如果你说一个字能让邻居美妇人大笑，再说一个字令她大骂，今天我请你吃大餐！"

小智说："君子一言！"

小财答："驷马难追！"

恰好邻居美妇人旁边趴着一只狗也在晒太阳，小智计上心来，疾走几步过去冲着狗扑通就跪下了，大叫：

"爹！"

美妇人一愣，随即大笑起来："哈哈哈！"

小智又抬起头，对美妇人大喊：

"娘！"

妇人顿时勃然大怒："滚！"

| 知识产权经济学启示 |

古往今来，但凡有段子中小智这种"乱认爹娘"的情况发生，必有内情！

当今社会，知识产权越来越受重视，一些企业为了扩大知名度，会绞尽脑汁的去蹭热度注册商标，来"蹭名牌""傍大款"，大开脑洞，甚至在注册商标时"蹭爹"，打起了名人爹娘的主意。有媒体公开了马云的父亲叫马来法后，

2017年6月,广州市胶己人服饰有限公司在第25类服装等商品上申请注册了"马来法""MALAIFA"等商标。

为何不断有企业大肆恶意注册名人姓名商标呢?究其原因,无外乎以下两个方面:

一是经济利益的驱使,想走捷径"搭个便车",借用名人姓名申请商标后,省去了大量为使公众建立品牌认知的费用和时间,有利于品牌的推广宣传。更有甚者,以此为条件,向姓名权的权利人索取高价转让费,可谓一本万利。

二是时下对恶意注册打击的相对滞后性也为抢注提供了土壤。一些名人如格力集团的董明珠就把自己的名字申请了全类的商标防止他人恶意注册。而拥有知名商标的企业为了企业声誉也不得不进行防御性注册,比如老干妈风味食品有限责任公司就注册了"老干爹""干老妈""干儿女"等商标,可口可乐公司为了防止"雪碧"品牌被山寨,甚至还注册了"雷碧"的商标。

大白兔的商标策略

山羊爷爷的白菜丰收了，请大黑兔和大白兔来帮忙。

收完白菜后，山羊爷爷分别送了两只小兔一些白菜。

大白兔拿到白菜就走了。

大黑兔则说："爷爷我不要白菜，你送我一只小奶牛吧。"

第二年，大黑兔还没等到奶牛产奶就饿死了，奶牛就归大白兔所有了。

大白兔吃完自己的白菜，正好赶上大黑兔的奶牛产奶……

大白兔从此进入了吃喝不愁的小康生活。

故事还没完……

大白兔一想，反正奶牛产的奶自己喝不完，就用剩下的牛奶制作奶糖销售，变成了大白兔自己的产品，并申请了商标，为了更好地保护自己的品牌，大白兔注册了十几个近似商标：大白兔、大黑兔、大灰兔、大红兔、大花兔、巨白兔……

可是，没想到的是，"大白兔"品牌火了后，市场上出现了小白兔、大贝兔、大曰兔、大臼兔、大白免等傍名牌的产品……

|知识产权经济学启示|

段子中同样的情形在现实中也在不断出现，雷军成立小米科技有限公司后，小米几乎注册了含有"米"字的所有日常用词，且每个至少进行了四个类别的保护，除了米粒、玉米、爆米花、米线、紫米、虾米、黑米、米粉、粟米这些画风正常的米氏大餐，还有万米、美米、青米、清米、小麦、非米、绿米、纯米、红米、兰米、大米、紫米，打消了别人想打小米擦边球的想法。

针对企业的品牌，可通过商标组合的形式进行全面的保护，商标组合可以包括联合商标、防御商标和集群品牌等形式。

（1）联合商标。

联合商标，指同一商标所有人将某个商标及与其近似的若干商标，在同一种商品或者类似商品上注册，这些近似商标，即为联合商标。联合商标相对于正商标而言，所谓正商标，指最先创设使用的商标。例如，娃哈哈公司因其"娃哈哈"享有盛名而又申请注册了"哈哈娃""哈娃哈""哈娃娃""哇哈哈"等商标。在这组近似商标中，"娃哈哈"为正商标，其余则为联合商标。注册联合商标是为了防止他人以近似商标侵犯和损害自己的商标权益，故与正商标近似是联合商标注册的前提。

申请联合商标的优势在于：

第一，按照商标法一般规定，一个注册商标在 3 年内不使用的话，会导致商标权被撤销，而联合商标不受此限制。联合商标的使用要求不是实际使用，只要使用了其中一个商标（一般为正商标），就可看作整个联合商标符合了"使用"的要求，他人也不得以"不使用"为由提出撤销该联合商标的请求。

第二，联合商标注册虽不以使用为目的，但一经注册便有利于注册人发展多种经营。若多种经营项目属于性质相类似，生产的商品属同类商品时，注册人可将储备的联合商标直接标示而无须另行申请注册。

（2）防御商标。

所谓防御商标，是指同一商标所有人在相同或类似商品上注册的同一著名商标。防御商标也是相对于正商标而言的，其注册目的不是为了使用，而是为了阻止他人注册或者使用相同商标。该标记在同一国商标局要履行两次不同的注册手续，并获得两种注册，为使用而注册的为正商标，不为使用而注册的同一标记为防御商标。如驰名饮料商标"可口可乐"，在一切商品上都申请了注册，但其实际使用，主要在饮料上，其他注册都为防护性的。所以，饮料商标"可口可乐"为正商标，其他品类的"可口可乐"商标则为防御商标。

一般而言，申请防御商标的注册，需满足下列几个条件：

第一，该商标为注册商标，且使用在核定使用的商品上，在消费者中已驰名；

第二，当他人使用该商标时，可能会使消费者混淆商品的来源，即冒用者使用该商标标记的商品在市场上出现时，会使人错误地认为是商标权人所使用，或者认为冒用者与商标权人在业务上或组织上有某种关系，如认可与被认可的关系；

第三，申请注册的防御商标与原注册商标在构成上完全相同，与原注册商标近似的标记可获得联合商标注册而不能获得防御商标注册；

第四，申请人须为原注册商标所有人，商标的被许可使用人无权申请防御注册，即使该商标是因为他的使用而驰名，也不得以自己的名义取得防御注册。

富翁贷款的启示

一个拥有几十亿固定资产的富豪，申请了 10 件专利并获得了授权，之后通过这 10 件专利和价值 100 个亿固定资产联合贷款的方式从银行贷款 1 亿元。

银行服务人员不解，问富豪道："先生，您拥有这么多固定资产为什么还贷款呢？"

富豪回答："俗话说，'锦上添花易，雪中送炭难。'有钱的时候才能从银行贷款呢，没钱的时候谁贷款给你啊？"

银行服务人员又问："那您为什么非得要求通过知识产权贷款呢？"

富豪喝了口咖啡，接着说："这么好的国家政策支持和这么低的利息去哪儿找去啊？！"

| 知识产权经济学启示 |

段子中的富豪之所以成为富豪，是有原因的，因为他对政策理解透彻，并能够有效利用。比如，他深知国家为了促进知识产权的转化，利用专利质押贷款一般都会快速放贷并且会有贴息补贴。

2015 年，为了加速一个年处理 150 万吨秸秆的制浆造纸综合利用项目的推进，依托自己拥有的评估价值达到了 60 亿元的专利，山东泉林纸业有限责任公司以 110 件专利、34 件注册商标等质押获得 79 亿元银行贷款，这是当时国内融资金额最大的一笔知识产权质押贷款。这同时也意味着，山东泉林纸业有限责任公司不但能够通过专利等知识产权垄断市场、为企业创造长期利润，还能通过这些知识产权质押融来真金白银，来解决科技型企业成长中最头疼的资金饥渴，更好地帮助企业释放自身的发展潜力。

当然在此过程中，银行等放贷部门要谨防一些不法企业，他们通过知识产权贷款的动机不纯，或是利用国家政策获得一些贴息，或是利用知识产权质押融资的噱头被各大媒体免费宣传以扩大自身知名度。

更有甚者，某些打着专利运营大旗的项目，只是借着国家政策下吹起的知识产权春风，嗡起了自己尚显稚嫩的翅膀，将嗜血之口伸向了一只名叫"资本"的羔羊。

知识产权保障大众创业

小智买了一台电脑，决定上网注册一个 QQ 号聊天，开始"创业"；

小智上线后一看，QQ 列表中的 MM 真多呀，这叫"市场潜力巨大"；

与此同时小智又发现，GG 也不少啊，这叫"市场竞争激烈"；

于是小智决定编个小程序来让别的 GG 聊不上 MM，这叫"技术创新"；

可是小智又发现别的 GG 也模仿他用类似的小程序来跟 MM 聊天，这叫"山寨"；

幸运的是，小智之前申请了一个发明专利来保护这个小程序，这叫"知识产权保护"；

小智为此发起了诉讼，打算让别的 GG 不能再用该专利技术，这叫"知识产权维权"；

小智维权成功之后，竞争对手明显少了，小智就能同时跟 200 个 MM 聊天，这叫"市场垄断"；

QQ 平台知道了小智用小程序作弊，对小智进行了封号，这叫"反垄断"；

小智一气之下，新创了一种新的聊天工具——微聊，并且同时申请专利和商标保护，这叫"商业模式创新"；

QQ 平台发现了小智发明的新聊天工具的巨大商业前景，花巨资从小智手中买了过来，这叫"并购"；

小智通过转让产品的知识产权获取了巨额财富，购买了私人游艇到处游玩，这叫作"财务自由"。

知识产权经济学启示

段子中的小智从创业到财务自由的过程，依靠的正是创新和知识产权保护。

现实生活中，一家创业公司如果能够在商业竞争中获得市场的认可，势必是在公司运营、产品、技术、下游的销售渠道等方面建立了壁垒。构建这种壁垒的过程中产生的专利、商业秘密、版权甚至商标，都是这家公司的无形资产。创业公司如何利用知识产权保护自己的创新呢？

（1）从时间上来说，宜早不宜晚。

对于互联网行业的创新而言，知识产权主要包括商标、著作权、专利和域名。对初创公司来说，一旦开始开发产品和服务，就要申请商标，以免发生被人恶意抢注的情况；在此基础上，还需要对核心技术以及相关应用领域进行专利布局。很多创业公司，在初期人力和资金都有限的情况下，把更多的精力放在技术研发、融资上，却没想到因为知识产权，造成比较棘手的麻烦。

（2）围绕核心知识产权，进行全面布局。

高科技创业企业在进行知识产权保护时，不仅需要有"超前"意识，还要有"全局"观念。无论是商标还是专利，都不仅仅是单一的申请，而是应围绕核心技术或核心品牌，进行一系列的布局，在一定程度上限制竞争对手对自己的核心技术的"抄袭"或是"改进"。但这不意味着初创企业要效仿大公司的"以量取胜"，而是更应该站在公司策略的层面出发布局：首先确保高质量的核心单件专利或商标申请成功，随后围绕该核心专利或商标进行合理数量的布局，比如上下游技术的延伸、子品牌的产生，等等。

"智财村"的起源

从前,北方闹饥荒,好多人都结伴往南方逃难。

有两个饥饿的人,他们的名字叫作单先生和独先生,得到了一位长者的恩赐:单先生得到了一篓鲜活硕大的鲜鱼,独先生得到了一根鱼竿,于是他们分道扬镳各自谋生去了。

得到鱼的单先生原地就用干柴搭起篝火煮起了鱼,他狼吞虎咽,还没有品出鲜鱼的肉香,转瞬间,连鱼带汤就被他吃了个精光,几天之后,他便饿死在空空的鱼篓旁。

得到鱼竿的独先生则提着鱼竿继续忍饥挨饿,一步步艰难地向海边走去,可当他已经看到不远处那片蔚蓝色的海洋时,他浑身的最后一点力气也使完了,他只能眼巴巴地带着无尽的遗憾撒手人间。

与此同时有两个饥饿的人小智和小财,也得到了这位长者的恩赐:小智得到了一篓鲜活硕大的鲜鱼,小财得到了一根鱼竿。

只是小智和小财并没有各奔东西,而是商定共同去找寻大海,在路上他们俩每次只煮一条鱼来填肚子。

终于,小智和小财经过遥远的跋涉,来到了海边,从此开始了共同捕鱼为生的日子。

几年后,他们盖起了房子,有了各自的家庭、子女和家族,有了自己建造的渔船,过上了幸福安康的生活,并把所在的村子命名为"智财村"。

| 知识产权经济学启示 |

一个人只顾眼前的利益，得到的终将是短暂的欢愉；一个人目标高远，但也要面对现实的生活。只有把理想和现实有机结合起来，才有可能成为成功之人。

专利布局也是一样，对于没有专利储备的公司而言，当需要专利时，全部购买专利或全部自己申请专利来充实自己的专利库都不是最明智的选择，可以选择边购买或许可边申请的方式来结合进行。

首先，通过购买或许可的方式获得核心专利技术以后，结合自身的研发，尽早布局外围专利和延伸专利，将核心专利和外围专利相互结合并进行组合，形成严密的专利网。这样一方面能够巩固企业自身的核心竞争力，另一方面能够与竞争对手形成有效对抗甚至技术反制，从而牵出更大的市场宝藏。

其次，在专利储备丰富后，通过从商业层面和技术层面进行专利筛选，及时抛出自己闲置的"专利废砖"，转化为"资金之玉"，这样既可避免专利权的闲置，提高专利的效用，也可以淘汰不需要的专利，节省专利维持的成本。

专利界的吉尼斯纪录

老智干过研发工程师,干过专利审查员,也干过专利代理师,也干过律师,混迹知识产权圈几十年,以下列举他耳闻目睹的几件专利之最:

最长的一项权利要求为 17028 英文字(参见 US6953802 B2),翻译成中文字数可达 28900 多字,相当于国内一般专利文件全文总字数的好几倍。这个专利要是遇到侵权判定,知识产权法官当庭就会崩溃……

最多权项的专利拥有 8319 个权利要求(参见 US20030155111),其权利要求的项数甚至超过国内一般专利文件撰写的总字数。审查员遇到这样的专利,料想立马崩溃了……

最多页数的专利文件拥有 7154 页(参见 US20070224201),撰写完光是质检一遍都是读 10 部红楼梦的量啊!在美国专利 US8924269 中,共有 1178492 个单词,总词量是托尔斯泰《战争与和平》的 2 倍,其长度可想而知。如果是按件计费,该专利的代理人估计早已经饿死了……

最多附图的专利文件拥有 6391 个附图(还是参见 US20070224201)。在这一申请提交的 2007 年,美国还没有实现电子化申请,完全用纸件打印出来,打印机想必崩溃了十几台……

| 知识产权经济学启示 |

看了以上专利吉尼斯,不知国内做知识产权代理的同行有何感想?是曾做过专利撰写工作,夜以继日,清点着一月的撰写件数,感叹沦为了专利民工?还是也曾羡慕过美国专利律师,收入丰厚,但是其一年的专利代理数量不

及我一个月数量？或曾抱怨过国内专利申请人，不懂专利，只盯着国家的资助，不顾专利质量？

但好像从没审视过自己，一边痛斥代理价格的恶性竞争，一边又不得不降价揽活儿，为了偿还房贷随便应付撰写，恶性循环导致十几年来代理费不升反降的现象得以延续。有人说，给那么几千块，凭什么让我干几万块的活？可是，当申请人愿意出几万块一件时，你是否有能力提供相应的服务？可喜的是，中国专利由量到质的转变是大势所趋，国内专利代理师宜眼光放长，在保证代理量的基础上练好质的内功，以迎接国内专利即将到来的质变需求。

哆啦A梦教你应对知识产权"霸凌"

"校园凌霸"现象，不光在中国校园里有，其实这是一个全球教育所面临的问题，比如在日本著名漫画《哆啦A梦》中"校园凌霸"也存在：

大雄被胖虎打，因为大雄家穷，胖虎瞧不起他；

小夫被胖虎打，因为他家有钱，胖虎觉得小夫瞧不起人；

大雄被胖虎打，因为他竟敢正眼看胖虎，这是不服啊；

小夫被胖虎打，因为他没正眼看胖虎，目中无人；

大雄被胖虎打，因为反正老师不喜欢他，打了也白打；

小夫被胖虎打，因为老师喜欢他，他肯定爱打小报告；

大雄被胖虎打，因为大雄是个软柿子，不敢还手；

小夫被胖虎打，因为上次，他竟然敢还手，打服为止；

大雄被胖虎打，因为他长得丑，有碍校容；

小夫被胖虎打，因为他长得好看，竟然很多女同学喜欢他。

| 知识产权经济学启示 |

校园霸凌，实际上是指校园中，孩子们之间权力不平等的欺凌与压迫，校园霸凌行为是多方面综合作用的恶果，包括：家庭教养方式不恰当、学校德育工作不充分、社会监管力度不到位、现行法律体制不健全等原因。

美国商业专利数据库公司市场营销副总裁兼高级专利分析师拉里·卡迪曾表示："恃强凌弱的人肯定不会选择大个子，他们会去欺负弱小的人。"在市场中，中小企业也经常会面对大型企业的知识产权"霸凌"，具体而言就是，大型企业利用自己在专利方面的布局优势,利用专利诉讼等手段作为竞争工具来打压中小企业,进而实现自己的战略诉求。

在漫画《哆啦A梦》中,胖虎总有理由欺负大雄,但是在哆啦A梦的帮助下,大雄总能化险为夷。那么,中小企业在面对大企业的知识产权诉讼"霸凌"时,能不能从中借鉴到一些应对方案呢?答案是肯定的,具体方式如下。

学生应对校园"凌霸"的应对方式	企业应对专利"凌霸"的应对方式
强身健体,让自己强大起来	增加自身专利储备,让自己强大
智胜比自己身体强壮的同学	通过专利谋略用巧实力来智胜对手
弱小一方抱团取暖	组建专利联盟共同应对诉讼威胁
找家长	找大企业做外援,背靠大树好乘凉
找老师	借助政府力量通过反垄断、行政执法等手段应对

第 6 章

IP 风控经济学

知识产权和香蕉一样,是有保存期限的。

——(美国)比尔·盖茨

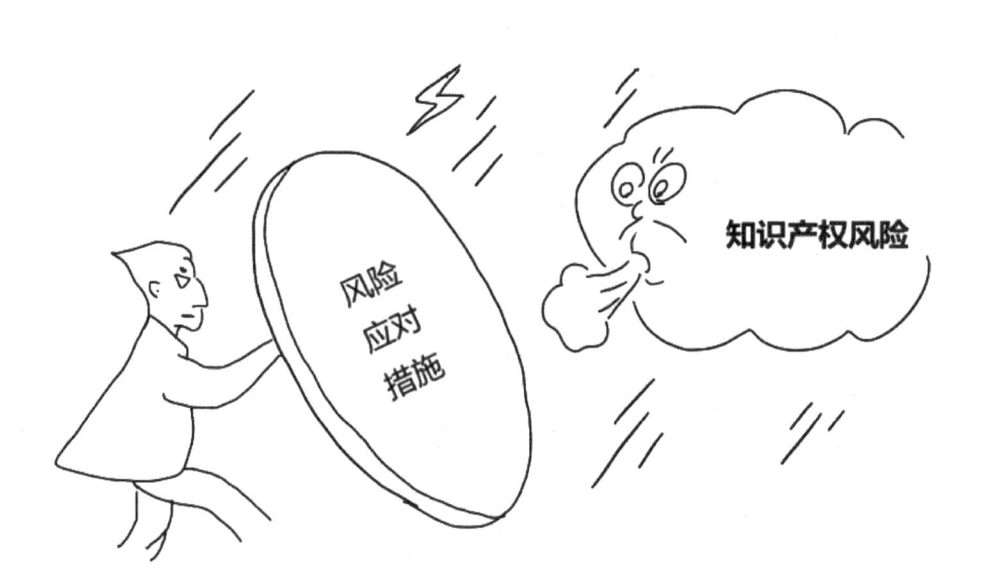

被骗的农民

从前,有个农民牵着一只山羊,骑着一头驴进城去赶集。

三个骗子 A、B、C 知道了,都想去骗这个老实巴交的农民。

骗子 A 趁着农民骑在驴背上打瞌睡之际,把山羊脖子上的铃解下来系在驴尾巴上,把山羊牵走了。农民一回头,发现山羊不见了,忙着寻找。

这时骗子 B 走过来,热情地问他找什么。农民说山羊被人偷走了,问他看见没有。骗子随便一指,说看见一个人牵着一只山羊从林子中刚走过去,准是那个人,快去追吧。农民急着去追山羊,把驴子交给这位"好心人"看管。等他两手空空地回来时,驴子与"好心人"自然没了踪影。

农民伤心极了,一边走一边哭。当他来到一个水池边时,发现骗子 C 坐在水池边,哭得比他还伤心。

农民挺奇怪,还有比我更倒霉的人吗?就问骗子 C 哭什么?

骗子 C 告诉农民:他带着两袋金币去城里买东西,在水边歇歇脚,洗把脸,却不小心把袋子掉水里了。

农民说,那你赶快下去捞呀。

骗子 C 说自己不会泳,如果农民给他捞上来,愿意送给他 20 个金币。

农民一听喜出望外,心想这下子可好了,羊和驴子虽然丢了,但这里可能到手 20 个金币,不但损失能全部回来还有富余啊,他连忙脱光衣服跳下水去捞。当他光着身子两手空空地从水里爬上来时,他的衣服、鞋子和干粮也全都不见了。

总结农民屡次被骗的原因如下:

（1）没出意外之前麻痹大意；

（2）出现意外之后惊慌失措；

（3）造成损失之后急于补亏，更加麻痹大意、惊慌失措、急于补亏，反而血本无归。

| 知识产权经济学启示 |

和上述段子得到的启示一样，在知识产权经济中不管遇到什么问题，首先要冷静，搞清问题的症结，然后根据事态的轻重缓急从容应对，心慌意乱盲目行动，必定造成更大损失。首先得要有一个风险防控意识，防止自己侵权或别人利用专利诉讼打击自己；其次在出现知识产权侵权后不要惊慌，要仔细分析比对，或无效对方专利，或积极谈判应对，或通过第三方专利许可；最后要吸取教训，提前布局，防止在同样的问题上跌倒第二次。

没栏杆你敢过桥吗？

老板问小智："申请知识产权有什么用？我的技术还用保护吗？市场是拼出来的！"

小智反问老板："桥上有栏杆吗？"

老板回答："有。"

小智问："你过桥的时候扶着栏杆走吗？"

老板说："不扶。"

小智问："那么栏杆对你来说就没用了？"

老板说："当然有用了，没有栏杆护着，掉下去怎么办？"

小智说："可是你并没有扶栏杆啊？"

老板回答："可是没有栏杆，我会害怕。"

小智说："是啊！知识产权就像护栏，平时用不着，但是千万不能忽视栏杆的作用，没有的话你会害怕，一旦失足可能会失去生命！"

| 知识产权经济学启示 |

知识产权风控就是企业尤其是科技型企业经营之桥上的栏杆！拥有了知识产权风控的保障，企业能够规避潜在的知识产权风险，企业安全经营才会更踏实、更安全！

潜在的企业知识产权风险可分解为研发活动期风险、生产活动期风险和贸易活动期风险。

研发活动期风险包括研发立项论证时未对现有技术进行详细检索，导致重复开发、自主开发成果不能使用的风险；研发完成后未对研发成果进行有效保护，导致研发成果被他人抄袭、自身被他人授权专利限制使用的风险；产学研合作中未明确合作成果的知识产权归属，造成各权利人间出现知识产权纠纷的风险。

生产活动期的风险主要有采购环节中对供应商提供的产品、技术未进行知识产权评价，可能造成的对第三方知识产权的侵权；委托他人制造时未明确规定研发得到的知识产权的归属、使用及保密，从而引起的知识产权纠纷；对于上游或下游单位未明确规定知识产权归属以及保密责任，造成企业知识产权流失的风险。

贸易活动期风险在产品销售活动期间涉及的产品商标、广告语营销方案等均可能引发侵犯他人知识产权的风险。

针对以上知识产权侵权风险和纠纷点，企业应有针对性地对相关知识产权进行有效管理，建立有效的预警和防范机制，控制并规避知识产权风险。

绝对的零风险是不存在的

有两扇门，分别关了一只老虎和一个美丽的少女，上帝的规则规定：如果打开门后是老虎，你就会被撕得粉碎；如果是美丽的少女，你会得到她的爱。

有三个年轻人想去尝试一下。

第一个年轻人小 A 胆量很小，哪扇门也不敢开，结果他一生平平淡淡、后悔叹息、蹉跎一生。

第二个年轻人小 B 邀请了一个技术分析师，根据老虎的吼声、气味等分析哪扇门关的是老虎，又根据少女特有的芬芳气味分析哪扇门关的是少女，分析来分析去还是拿不定最终的主意。小 B 心想再过几年就欣赏不到少女的美丽容貌了，因此决定开门，结果被老虎吃掉了。

第三个年轻人小 C 花了大量的时间去学习驯虎的技术，学了 80 年终于学成以后，他随意打开一扇门，结果被女鬼吃掉了……

| 知识产权经济学启示 |

这个段子告诉我们，即使前期准备再充分，绝对的零风险也是不存在的。在激烈的市场竞争中，企业为了应对知识产权侵权风险，应当根据企业自身特点和发展目标，加强知识产权管理体系建设自己或委托专业机构构建符合自身发展特色的知识产权管理体系，保证领导重视、全员参与、主次区分，设立知识产权部门，明确各部门功能权责，并建立完善相应的知识产权管理制度和管理流程，规范研发成果通过专利申请、技术秘密等方式进行保护，制定知识产权运用、风险管控等程序，并形成科学、合理、有效的知识产权管理体系。

未雨绸缪磨獠牙

一只山猪在大树旁的石头上勤奋地磨獠牙。

狐狸看到了,好奇地问它:"猪大哥,既没有猎人来追赶,也没有任何危险,为什么要这般用心地磨牙?"

山猪答道:"你想想看,一旦危险来临,就没时间磨牙了。现在把牙磨锋利,等到要用的时候就不会慌张了。这叫未雨绸缪!"

| 知识产权经济学启示 |

在"中国制造"向"中国智造"转型的时代,企业平时不申请知识产权保护,遇到诉讼官司时临时抱佛脚是来不及的;当需要使用专利申请各种资质和政府补贴时,再叹自己平时没有足够的专利积累,以致不能获得政策红利,也只好后悔莫及。

知识产权风险的产生是由于经营管理中存在的不确定因素造成的,因此通过知识产权预警等手段,加强风险防范是降低风险的主要且有效途径。在企业研发活动中,在项目立项阶段,应认真进行专利检索和分析评判;研发活动完成后,通过健全的评审程序确定有效的保护形式,及时采取申请专利等不同的形式对研发成果进行保护;在采购阶段评价供应商知识产权状况,通过合同的方式约束供应商,以避免由于供应商对他人知识产权的侵权给企业造成知识产权侵权风险;新产品销售前,加强专利预警、商标、营销方案、广告语等相关知识产权查询,规避侵权风险,同时还应当加强对竞争对手的定期监控,防止他人侵犯本企业的知识产权。此外,若企业采用委托研发或委托制造的方式与他人合作，在合同中需对知识产权相关权利的归属、使用和收益进行明确的规定，签订保密协议等具有法律效力的条约，以防止他人侵占本企业的知识产权。

事前控制医术高

春秋战国时期，有位神医叫姬媛，由于他医术高超，在当时的名望很高，所以当时的百姓就用上古时期的名医"扁鹊"的名字来称呼他。❶

有一次，魏文王召见了扁鹊，问扁鹊道："寡人听闻你们兄弟三人都精于医术，但是到底哪一位最高明呢？"

扁鹊脱口而出："长兄最善，中兄次之，扁鹊最为下。"

文王再问："那么为什么你最出名呢？"

扁鹊回答道："我长兄治病，是治于病情发作之前，由于一般人不知道他事先能铲除病因，所以他的名气无法传出去，只有我们家的人才知道；我中兄治病，是治于病情初起之时，一般人以为他只能治轻微的小病，所以他的名气只及于本乡里；而我是治于病情严重之时。一般人都看到我在经脉上扎针、在皮肤上敷药等大手术，所以都以为我的医术高明，名气因此响遍全国。"

文王连连点头称道："你说得好极了，治理国家也是这么个道理啊！"

| 知识产权经济学启示 |

知识产权风控也是一样的道理，通常人们等到危机爆发了才意识到风控的重要性。殊不知，事后控制不如事中控制，事中控制不如事前控制。知识产权档案是侵权纠纷中的重要法律证据，健全完备的知识产权档案可以通过事前控制的手段有效地应对侵权诉讼。

---

❶ 出自《鹖冠子·世贤第十六》。

健全完整的知识产权档案包括研发活动的研发记录、知识产品评审资料、专利申请文件交底书等与研发成果相关的所有资料和文件，其中专利内容不仅包括技术研发相关文件、申请专利原始文件、专利证书等，还应包括专利申请修改过程文件、专利年费缴费票据、专利变更文件等，具体的企业知识产权档案应根据知识产权活动的特点进行整理归纳，保证各类资料文件的完整完备，以更好地防范和应对知识产权风险。

信息对称是防范风险的最好方式

陈平是汉初一位杰出的大谋略家，也是辅佐刘邦建立西汉王朝的开国功臣之一。

有一次，陈平被叛军围追，跑到河边时，无路可去。

突然发现前面有一条船，可是船上全是劫匪！

是被叛军抓？还是上贼船？是陈平当时面临的选择。

陈平心想：被叛军抓是死路一条，上贼船还有活命的可能性。

于是，陈平上了贼船，然后主动地把所有的银两和衣服都交给了劫匪让劫匪救他，劫匪收了银两和衣物，然后带他渡河逃生成功。

| 知识产权经济学启示 |

段子中，劫匪本是风险的来源，但是他们需要的是金银细软，陈平需要的是保住性命，通过舍弃金银来换取性命，陈平使双方处于平衡对称的交易状态，成功地将风险转变成了生机。

在企业知识产权工作中，解决知识产权信息不对称的最好途径之一是采取合同约束防范措施。合同是市场经济活动中重要且基本的法律文件，企业在知识产权风险管理中应积极地利用合同的法律效力来防范风险。

比如，在采购环节中要求供货商在合同中明确确保所提供的产品不侵犯他人知识产权，或一旦侵权，由供应商承担相应的侵权责任；自主研发后委托他人制造，企业与指定厂家签署合同时，应在合同条款中约定对方对未申请保护的知识产权进行保密；对于合作开发的技术，应明确合作中各方对研发成果的所有权、使用权和收益权。防范企业员工不当行为给企业带来的知识产权风险，尤其是企业核心管理和技术人员在设计过程中可能会重复以往的设计方案、技术解决方案等，若此类人员跳槽到其他企业，易引起法律纠纷，给企业带来知识产权风险。因此企业还应当加强对企业人员的合同约束，与企业员工签订职务发明归属、竞业禁止等协议，明确员工应保守商业机密、技术机密，从而防范内部用工流失给企业造成的知识产权风险。

莫被浮云遮望眼

在一个医学院,有位医术高超、德高望重的教授,他的课非常受学生们欢迎。

有一天在上观察课的时候,这位教授拿出一个烧杯,烧杯里面装有少许淡黄色的液体,他告诉学生,这是糖尿病人的尿。

然后他就把一个指头伸进烧杯蘸了一下,又把指头放在舌头上尝了尝,说:"这糖尿病人的尿是甜的,你们都是医学院的学生,应该像我一样,尝尝。"

说完,把烧杯推向学生们。

学生们心想:"为了科学而献身都行,贡献一下舌头也未尝不可。"

于是,大家纷纷把指头伸进去,每人都用食指蘸了一下,尝了一下,然后点点头,说是甜的,可他们心里非常憎恨那个教授。

等学生们都尝完,教授看着学生,突然笑着说:"同学们,我用食指蘸了烧杯中的液体,尝的却是我的中指,而你们都没有察觉到,因此,你们尝到了糖尿病人的尿,而我并没有。"

| 知识产权经济学启示 |

段子中的教授,并不是想戏耍学生们,而是通过这个实验在教给他的学生们拥有敏锐的观察力的重要性,不要被一些表面现象"遮望眼"。

21世纪是知识经济的时代,知识产权在经济发展与社会进步中所发挥的作用日益广泛、深入。在投资活动中,对于被投企业的知识产权的尽职调查也成为极具分量的关键部分，但是大部分从业人员对知识产权的核查仅限于要求被投企业提供知识产权目录，罗列知识产权事项，阐述知识产权的著录事项，而对于知识产权证明、权属状况、可能存在的风险却着墨不多，这是极其错误的做法，往往会被表面的东西"遮望眼"，审视知识产权风险时要认真观察、准确识别，从容应对知识产权所带来的各种法律上的挑战和风险，给出正确的应对方案"放眼量"。

温水煮青蛙的启示

19 世纪末，美国康奈尔大学科学家做过这样一个实验：

将一只青蛙放在煮沸的大锅里，青蛙会触电般地立即蹿出去，并安然落地。

而将青蛙放入一个装满凉水的大锅里，任其自由游动，再用小火慢慢加热，青蛙虽然可以感觉到外界温度的变化，却因惰性而没有立即往外跳，等到热度难忍时，它已失去逃生能力而被煮熟。

| 知识产权经济学启示 |

比尔·盖茨有一句名言：微软离破产永远只有 18 个月。最佳时机总是在犹豫中失去，危险总在眼前的安逸中渐近，我们需要做的永远是预警在前。

企业在知识产权运用管理过程中，利用专利信息进行技术方案规避设计是防范侵权风险的重要手段，企业在产品投放市场时，对前期未进行充分检索或针对意外出现的侵权风险进行预警、FTO 分析，以避免投放市场后的侵权诉讼。企业可以利用专利信息，例如专利权人为获得专利而放弃的技术、现有技术中描述的技术、省略部分要素及相应性能的技术、说明书及附图中记载，但未反映在权利要求书中的技术方案来有效规避侵权风险。

第 6 章 IP 风控经济学 / 207

青蛙和癞蛤蟆的差距

学生问:"老师,青蛙和癞蛤蟆有什么区别?"

老师回答:"青蛙思想保守,不思进取,坐井观天,是负能量;而癞蛤蟆思想前卫,想吃天鹅肉有远大目标,是正能量。"

学生顿悟:"我明白了……最后青蛙上了饭桌成了一道菜,癞蛤蟆上了供台改名叫金蟾。所以一个人长得丑点不怕,重要的是要有远大的目标!"

| 知识产权经济学启示 |

老话说得好,"低头走路的同时,也要抬头看天",企业知识产权工作在推动过程中,必须要对知识产权战略足够重视,不能试图用战术上的勤奋去掩盖战略上的懒惰。

因为,知识产权战略作为一种以权利保护为重要内容的整体战略,涉及的不仅仅是法律问题,更多的是与国家科技政策、产业政策、文化政策、教育政策等相关的公共政策的选择问题。而企业知识产权战略,指的是企业运用专利、商标、版权、商业秘密、集成电路等知识产权保护手段,获得并保持市场竞争优势,遏制竞争对手,谋取最佳经济效益的总体性规划。

第 7 章

IP 管理经济学

我关注知识产权,我相信知识产权管理就是怎样增加施乐公司的价值。现在,善于管理知识产权的公司将会成功,而不善于经营知识产权的公司将被淘汰。

——(美国)理查德·托曼

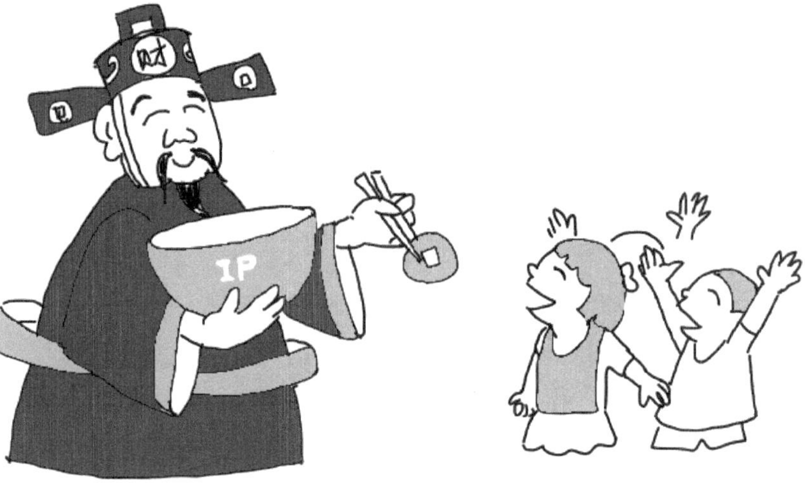
财
IP

园中有金——论高质量专利的培育秘诀

很久以前，在太行山下，住着高姓父子二人，以打理祖传的果园为生。

父亲叫"高数量"，已是年逾古稀之人，体衰多病。

儿子叫"高质量"，正是20出头的大好年华，却不爱劳动，懒于耕作。

那一年冬天，终年劳累的高数量病倒了，眼看着父子二人经营的果园一天天荒芜了。

他躺在病床上，看着窗外一园果树的枯枝在冬天的寒风中哆哆嗦嗦，不禁心急如焚。他深知自己将不久于人世，而自己的儿子高质量又慵懒怠惰，他能把这耗费了自己几十年心血的果园经营下去吗？如何才能使这浪子回头呢？

一天，高数量病情加剧，大夫郭知局告诉儿子高质量他父亲已走到生命的尽头，需要尽快安排后事。

儿子高质量守候在父亲的床前，拉着父亲那双长满老茧的手，惆怅地想："父亲这一走，我该怎么过日子呢？"

忽然，他见弥留中的父亲嘴唇颤动着，他急忙俯下身子把耳朵凑在父亲的嘴边，他听到了父亲的临终前的遗嘱："质儿，园中——有——金！"

在父亲的坟前烧完最后一张纸钱，高质量回到果园，寻找父亲留给自己的金子。他小心翼翼地拨开草丛，扳起一块一块的石板，审视每一个可能发现线索的疑点。但是，他找遍了果园的每一个角落，也找不到一点埋藏金子的痕迹。他沮丧地坐在果园的黄土地上发愁：怎么办呢？

这时，父亲高数量的遗嘱在自己的耳边回旋："园中有金……"

一个决断猛然从高质量的心中跳出来——"挖！挖地三尺，也要把父亲埋藏在果园中的金子挖出来！"

当决心变成了行动，高质量似乎一下子变了一个人。他每天清晨而作，直到晚霞的余晖在果树枝头完全褪去，他不停地挖啊找啊，甚至连每一块埋在地里的砖头，他都要挖出来敲打敲打。

日复一日的劳作，60个日日夜夜很快就过去了，果园的每个角落都翻了个遍，就是不见金子的影子。面对着满园翻起的蓬松的新土，他心里万般疑惑："难道父亲骗我？"

春回大地，和煦的春风催开果园的簇簇繁花，一片莺歌燕舞，生机勃勃的景象。

高质量突然觉得，这花，这果树，似乎比往年更鲜艳、更繁茂了。在这一年的夏天，高质量把所有的精力都用在了照料果树上。

果然，这一年秋天，高家祖传的果园里呈现前所未有的丰收景象。面对着玛瑙似的串串葡萄，展开笑脸的大红苹果，高质量耳边又浮起了父亲的话："园中有金！"

高质量恍然大悟："是啊！我不是已经找到'金子'了嘛？"

其实，他找到的何止是金子，他找到了大家梦寐以求的高质量专利的培育方法！

那就是：没有捷径，埋头苦干，努力研发！蓦然回首，高质量专利正在灯火阑珊处。

| 知识产权经济学启示 |

段子中，儿子高质量的顿悟过程也代表了我国知识产权发展的进程。我国经济由高速增长阶段转向高质量发展阶段，作为发挥创新"桥头堡"作用的专利，自然也需要从追求"高数量"向追求"高质量"转变。

高质量专利，是实施国家创新驱动发展战略的重要支撑。创新是引领科技发展的第一动力，只有高质量专利才能"为创新之火浇上利益之油"。我们只有在关键共性技术、前沿引领技术、现代工程技术、颠覆性技术创新等方面拥有高质量专利，才能为下一步建设航天强国、网络强国、交通强国、数字中国、智慧社会等提供有力的支持和支撑。

高质量专利，是推进知识产权强国建设的重要基础。我国专利数量已经形成较大基数，要通过"数量布局"向"质量取胜"转型，重视培育高质量专利，打通知识产权创造、运用、保护、管理和服务的全链条，提升专利质量和效益，增强高质量专利及相关的产品、产业的国际影响力，努力推动知识产权创造由多向优、由大到强转变，才能为推进知识产权强国建设奠定坚实的基础。

高质量专利，是我国产业转型升级的强力引擎。产业中的高质量专利是指具有较强前瞻性、能够引领产业发展、有较高市场价值的基础专利和核心专利，只有将高质量专利与产业发展紧密结合，通过专利信息分析进行产业"导航"，通过高质量专利进行产业"护航"，才能最大限度地发挥专利在产业创新"扬帆出海"中的作用。

高质量专利，是我国企业创新发展的核心竞争力。如果专利的质量不高，遇到维权和侵权诉讼时，就难以全面、有效、充分地保护自己的创新成果和市场。企业中的高质量专利，一定是在企业发展道路上能够发挥支撑作用，可以帮助企业实现战略目标，推动企业实现创新发展的专利。

高质量专利，能够避免行政和司法资源浪费。低质量的专利申请引起的专利纠纷，会造成行政和司法的资源浪费。

高质量专利，能够为发展知识产权服务业助力。通过撰写高质量的专利申请文件，能够鼓励知识产权服务机构结合自身技术特长和人才优势，发展高端业务，借此有效规避知识产权服务行业无序竞争和低价竞争，避免劣币驱逐良币的情况出现。

专和利谁是天下第一？

从前在一个国家里有两个非常杰出的木匠，他们都建造过很多雄伟的建筑和雅致的亭台楼阁。

他们一个叫"专木匠"，他的作品更注重形似；一个叫"利木匠"，他的作品更注重神似。

有一天，国王突然想从他们两个之间选出一个最好的木匠，他决定让他俩比赛，谁赢了就封谁为"天下第一木匠"。于是，国王把两个木匠宣进宫，让他们开始比赛，看谁在三天内雕刻出的老鼠最逼真、最完美。谁要是赢了不光可以得到奖品，还有册封。

在这三天里，两个木匠都专心致志地工作，因为他们都希望得到"天下第一木匠"的头衔。

到了第三天，他们都把自己雕刻好的老鼠交给国王。国王把所有的大臣都召集到王宫，让他们一起来评审。

专木匠的老鼠栩栩如生，活灵活现，老鼠的眼珠子还会自己转来转去，胡须也能抖动。

利木匠的老鼠远看还有点老鼠的模样，近看怎么也不像老鼠。

胜负立马就分了出来，国王和大臣们都一致判定专木匠获胜。

利木匠却站了出来对国王说："陛下的评审对臣不公平。"

国王问："怎么不公平了？"

利木匠接着说："要判定谁雕的老鼠更像真的老鼠，应该由猫来决定，您不觉得猫看老鼠的眼光比人要锐利的多吗？"

国王觉得利木匠说的有道理，就派人去抓了几只猫来。

没想到，猫刚被放到地下，都不约而同地扑向利木匠雕刻的那只不像老鼠的"老鼠"，一个劲地啃咬，并抢夺了起来。然而，却没有一只去光顾专木匠雕刻的那只很像老鼠的"老鼠"。

国王觉得不可思议，但是事实摆在面前，他只好封利木匠为"天下第一木匠"。

但是国王想弄个明白，于是问利木匠："你是怎么让猫认为你雕的老鼠是真的老鼠的？"

利木匠笑着说："其实很简单，我只是没用木头而是用鱼骨雕的老鼠。猫在乎的根本不是像还是不像，而是腥味啊！"

| 知识产权经济学启示 |

"不管黑猫白猫，能抓住耗子的就是好猫"，同样地，能雕刻出吸引猫咪的老鼠的木匠才是好木匠。抓住问题的关键，开辟新的道路，将会更快到达终点。

《中国科学报》曾报道，一位专利权人手拿股价5180万元的专利去找企业，结果却处处碰壁，1元钱都卖不出去，这叫作"不接地气"，与现有的专利价值评估体系没有综合考虑法律价值、技术价值和经济价值的综合因素有关。

党的十九大报告指出，我国经济已由高速增长阶段转向高质量发展阶段。作为发挥创新"桥头堡"作用的专利，自然也需要从追求"数量"向追求"价值"转变。在知识产权领域，近几年，"高价值专利培育"的概念在中华大地如火如荼。但是，从上述高质量专利的判定标准来看，除了研发创新度之外，几乎没有一项能够人为地控制。应当把考核标准交给"市场"和"时间"这两只无形的"猫"来考验，而不能通过行政手段过多地强制干预，起到适得其反的效果。因为即使是已有的高价值专利，其价值也是动态的，会随着市场、时间和需求的变化而变化。

如何去除专利泡沫？

老公："媳妇，晚上我晚点回家。"

媳妇："怎么了？加班？"

老公："晚上我有重要任务。"

媳妇："什么重要任务？"

老公："测试蛋白质、维生素和矿物质等在大麦芽及水发酵的作用下对人体产生的作用，以及研究如何消除发酵副产品的工艺。"

媳妇："具体点！"

老公："最新专利高科技——一种液体在人体肝脏肾脏的对抗反应程度测试，以及一种利用脂化物让该液体发酵产生的泡沫消除的工艺。"

媳妇："说人话！！！"

老公："喝啤酒撸串……"

| 知识产权经济学启示 |

对于一杯啤酒而言，细腻的泡沫决定了啤酒的品质。泡沫决定了"看"的高度，而啤酒决定了"喝"的高度。你一定要知道，你只有半杯可喝……那么，怎么去泡沫？

方式一：把酒加满，让泡沫溢出去；

方式二：加点油，让泡沫消除。

我国专利申请量已经连续多年位居世界第一，但是由于国内专利申请泡沫泛滥，造成了大而不强、多而不优的现象，需要相关部门通过优化目标引导、完善激励机制、净化法律环境、提高质量监管等举措，推动专利事业回归正途。那么，一个国家乃至一个企业产生的专利泡沫怎么消除？让啤酒消除泡沫的经验完全值得借鉴，做法其实很简单。

那就是：

方法一：根据企业的实际需求，多申请高质量专利，让泡沫专利没有存在的价值，自动被淘汰。

方法二：加点油（资本）转化，让泡沫自行消除。（林肯总统曾经说过，专利制度是天才之火添加的利益之油。）

足球先生的评选内幕

足球先生评比开始了，今年最终的候选人有两个：A 和 C。

A：我意识出众，脚法绝伦，深受俱乐部和球迷喜爱。

评委：你每年参加多少比赛，进多少球？

A：参加 100 场以上，进 100 个球左右。

评委：这么厉害！

A：（暗暗得意……）

评委：你进了这么多球，有没有转化出什么成果？

A：成果？什么成果？

评委：比如说把进球的经验写成文章，或申请课题啊，或者把你带球的独特技术申请专利什么的。

A：这个，真没有……这和踢球有关系么？

评委：有啊，没有成果我怎么知道你踢球好，你自己说好就好吗？

A：我踢球好是公认的，球迷都特别喜欢，我的球迷最多了……

评委：好了不要说了，我们不管球迷怎么说，我们只看成果。你看看你的申报材料、文章课题、专利，一项都没有，只有球迷送的祝福，这些打分的时候都不算的，好，不要解释了，下去吧！下一位！

C：评委老师好，我意识不错，奔跑积极，经常与球迷互动。

评委：你每年参加多少比赛，进多少球？

C：参加 50 场，进球 1 个。

评委：有点儿少啊！

C：我们俱乐部比赛不多，球迷也少，不过我很努力，不踢球的时候我利用业余时间主动做一些科研工作，近3年发表了6篇论文，都是SCI。

评委：哦？不错啊！你研究方向是什么？

C：主要方向是股四头肌力量与射门角度相关性的研究，发现肌肉力量越大，射门角度就越刁钻，守门员越不好扑球。

评委：哦，不错！很有新意！

C：在这些研究基础上，我还申请了国家级课题，其中"通过调整股四头肌肌纤维走行方向提高踝部扭转促进足球旋转强度的实验研究"获得了国家体育科学基金。

评委：小伙子不错啊！居然是国家级别的基金！

C：我的"一种以打气孔为定位标志摆放足球的方法"获得发明专利，同时参编了很多专业著作，如《专利三十六计》《智财三国》等。

评委：可以了，下去等好消息吧！

最终，评委评出的获奖评语如下：

球员A虽然技术出色，进球多，无奈科研薄弱，无文章课题专利；球员C掌握了足球的基本技能，研究方向明确，获得了丰硕成果，同时还有国家体育科学基金，并申请专利，是全世界所有球员的楷模。我们评委会以七票对零票的意见，一致同意C成为今年的足球先生！

| 知识产权经济学启示 |

段子虽有点讽刺意味，但是彰显了一些社会现象，在全国专利数量"大跃进"的背景下，有的人声称专利是万能的，不但能帮助升学、就业、落户、评奖、晋级、出国留学，还能帮助犯人减刑。

据某媒体报道，2014年12月9日，原足协副主席南勇因在狱中服刑期间获得多次表扬，被裁定减去一年有期徒刑。因为，南勇在监狱里除了积极改造，还申请了实用新型专利，申请人为南勇的专利有4项，分别为足球射门练习装置、一种便携式球门、移动终端支撑架、台式电脑显示器组合体。不少知识产权代理机构在其网站上明确标明为监狱服刑人员提供发明申请专利减刑服务，服务内容包括为服刑人员量身定制发明成果，且这些机构声称对不同的监狱、不同的服刑人员提供有针对性的、专业化的服务。

但是，当这些专利获得证书后，技术转移转化的渠道不畅通，创新技术持有人能通过专利获得回报的比例降低，使专利保护形成了如下的恶性循环：专利申请费、维持费等花费不少；国家知识产权局收到一堆无实质保护的案件，却不得不动用大量人力物力审查，造成行政资源的浪费；需要专利技术的人，面对海量的专利，很难找到质量高的，对专利技术越来越没信心，不敢贸然投资；专利授权了，打官司却输了，想转让许可没人要，留在手里每年要花钱养，甚至申请了却没授权。结果是：专利权的公信力下降，愿意为专利买单的投资人越来越少，专利制度作为促进国家科技创新的初衷被抹杀。

"打狗棒法专利"奇遇记

晚上加班下班后,小智一个人走在空旷的大街上。

突然遇到了几个小混混向他借钱,小智拿出了刚刚获得的专利证书《一种打狗棒法》,朝着小混混们乱舞!

几个小混混愣住了,认为小智有神经病,怕惹麻烦然后走开了……

小智回家后,跟爷爷老智兴奋地谈起了晚上的奇遇。

爷爷老智挺不屑,说:"想当年有个小混混打架,找我帮忙,我冲上去就把对面大哥往死里打,他们那伙30多个,愣是一个不敢动。"

小智于是对爷爷崇拜得不得了……

爸爸喝了一口茶,悠悠地对小智说:"是的,那次我高中和人约架,我作为大哥叫了30多个,而对面就叫了你爷爷,你爷爷打的带头大哥就是你爸爸我!"

| 知识产权经济学启示 |

街头混混打架是手脚乱舞、毫无章法,普通的练武人士打架则是一招一式有套路可循,而到了一流的武林高手则是随心所欲,金庸先生所著的武侠小说《倚天屠龙记》中,张三丰在传授张无忌太极拳时,直到张无忌将"招法全忘光"了,才算真正地学会。

专利布局跟打架一样,新手不懂得章法,需要先入门,从专利布局的阵法学起;初具其"形"后,要认真仔细研究专利布局背后的技巧和运作模式;熟能生巧、融会贯通后,用"大象无形"的理念去做专利布局和专利战略,做到"随心所欲而不逾矩"的境界。

  但是专利布局阵法的研究并不是毫无用处的,因为不是每个企业、每个人都有实战操作的机会,且一旦真正实战时,若没有系统的思考、完备的布局经验,难免会手足无措。通过专利阵法的研究和思考,能够在研发人员和专利布局者的头脑中形成趋利避害的自动模式,然后再根据产品、对手、市场的实际需求灵活应变和调整。就像学生学了多年的物理、化学、高等数学、微积分,在工作中真正用得上的知识可谓凤毛麟角,但是系统地学习这些知识又是必需的:第一,毕竟谁也无法在学生时代就能早早地确定自己未来所从事的职业,说不定在某一天会用到相关的知识;第二,也是最主要的是,系统地学习这些知识能够培养一个人的逻辑思维能力和自主学习能力,无论将来从事什么职业都会从中获益。

小偷跨界的目的

一个小偷看见他的同伙正在认真阅读一本时装杂志，感到有些奇怪，问道："怎么，你准备改行去做裁缝吗？"

"不是，我是为了了解今年的时装口袋在哪个位置，开口是什么样的。"

| 知识产权经济学启示 |

活到老学到老，知识产权从业者也需要与时俱进！做专利的要时刻研究行业前沿技术、技术发展趋势、竞争对手的技术；做商标的要时刻研究美术设计、创意设计、品牌推广和营销，无论是创造、运用、保护、管理和服务，都得时刻学习，只有这样才能和众多竞争对手形成差异，才能从市场竞争的一片红海中脱颖而出。

新龟兔赛跑之——勤劳

【第一次交锋】乌龟获胜——勤劳制胜

有一天，兔子和乌龟一起跑步，兔子嘲笑乌龟爬得慢，乌龟说，总有一天它会赢。它们约定 11 月 11 日开始比赛。

到了 11 月 11 日那天，龟兔比赛开始了。

发令枪响了，兔子飞快地跑，乌龟拼命地爬，不一会儿，兔子与乌龟已经离得有很大一段距离了。

兔子认为比赛太轻松了，它要先睡一会，并且自以为是地说，就算睡一觉也能很快就能追上乌龟。

而乌龟呢，它一刻不停地爬，当兔子醒来的时候，乌龟已经到达终点了。

|知识产权经济学启示|

龟兔第一次交锋的故事在告诉我们"虚心使人进步，骄傲使人落后"的同时，还告诉大家：人笨腿需勤，在天赋和技术不如人的时候，可以通过勤奋、丰富、廉价的劳动力资源来取胜（例如 2010 年前的中国制造，产品依托于劳动力优势打入全球市场）。

正如亚当·斯密在《国富论》中所描述的：传统贸易理论以各项生产要素，以劳动力已经充分就业为前提，宣扬按照比较成本原理进行贸易，既有充分就业，又享分工之利。

龟兔赛跑之一

新龟兔赛跑之——技术

【第二次交锋】乌龟获胜——技术制胜

虽然第一次比赛获胜,但是赛后乌龟清醒地认识到:随着劳动力缺乏等问题越加凸显,赛跑依靠廉价劳动力取胜的时代可能已经一去不复返。

于是,乌龟制定了两步走的战略:

第一步,加强锻炼,保持自身既有的体力优势不丧失;

第二步,在业余时间进行发明创造,发明了一种专用于比赛的滑板车,速度至少是兔子的 10 倍。

第二年的 11 月 11 日如约而至……

兔子抖擞精神,奋力奔跑,不再偷懒……

乌龟不慌不忙,拿出滑板车,两条粗短有力的后腿交替发力,一转眼就把兔子甩在了身后。

不出意外,乌龟踏着滑板车以绝对的优势获得了胜利。

知识产权经济学启示

龟兔第二次交锋的故事告诉我们:乌龟依靠技术一骑绝尘,从体力到脑力,新技术会创造新能力、新机遇。正如 18 世纪从英国发起的第一次工业革命,开创了以机器代替手工工具的新时代,也促成了专利技术的创立和发展。

龟兔赛跑之二

新龟兔赛跑之——专利

【第三次交锋】乌龟获胜——专利制胜

第二次比赛后，兔子懊恼不已，回家后也开动脑筋，造了一个跑得更快的电动滑板车，并苦练技术，自信满满地备战。

而乌龟呢，获胜后清醒地认识到：随着自己依靠滑板车的一战成名，自己的滑板车技术将会被"Mee-too"（模仿战略），因此申请专利保护迫在眉睫。

为此，乌龟为滑板车申请了PCT国际申请保护，并以11月10日的在乌龟国的临时申请为优先权（申请日早于11月11日，防止使用公开），并于次年的10月1日获得了专利权，专利号为WO001A1。

权利要求书的内容部分摘抄如下：

（1）一种代步工具，它具有$2 \sim \infty$个轮子和位于轮子上的板子。

（2）如权利要求1所述的代步工具，用于2条腿或4条腿的动物使用。

第三年的11月11日如约而至……

兔子抖擞精神，拿出电动滑板车，奋力滑行……

乌龟不慌不忙，没用滑板车，慢悠悠地迈着八字步踱到了终点……

令人意外的是，经过裁判组的一致判决，晚到的乌龟竟然获得了胜利。

原因是：兔子的滑板车涉嫌侵犯专利权，不但成绩被判无效，反而要赔偿乌龟100万！

| 知识产权经济学启示 |

龟兔第三次交锋的故事告诉我们：专利权是最重要的一种知识产权，专利

权作为一种财产可以在市场中进行交易，专利权受到国家专利法保护，未经专利权人同意许可，任何单位或个人都不能使用，其他人要想使用这项专利必须经过持有人授权，并缴纳一定许可费用方可。

龟兔赛跑之三

新龟兔赛跑之——标准

【第四次交锋】乌龟获胜——标准制胜

第三次比赛后，乌龟由于获得了三连冠，使用比赛奖金注册了"双 11"的商标，进而获得了龟兔赛跑组委会比赛路线的贯标权和参与制定权。

兔子回去后痛定思痛，把自己的房子卖了，花巨资找专家团队做了专利检索，进行了专利分析，做了专利技术规避设计，终于想到了一种可以规避 WO001A1 的滑板车替代技术，并在比赛开始前研制成功。

第四年的 11 月 11 日不约而至……

兔子自信满满，拿出新的滑板车，奋力滑行，可惜滑了一半，在必经的比赛线路上遇到了一条大河，兔子望河兴叹，呆坐在那里，一时不知怎么办。

这时候，乌龟却连滑板车都没带，一路姗姗而来，撩入河里，游到对岸，继续爬行，完成比赛，卫冕成功。

原来，乌龟作为规则的制定者，知道兔子不会游泳，在路线的设定上故意加上了一条河……

| 知识产权经济学启示 |

龟兔第四次交锋的故事告诉我们：相比于兔子的专利分析，乌龟做了更充分更全面的 SWOT 分析，首先辨识出自己的核心竞争力，然后改变游戏场所以适应（发挥）自己的核心竞争力，利用自己能够游泳的优势，来抵消自己跑得慢、滑板车技术落后的劣势，不可谓不高明！

最近以来流行这样的几句话，"三流企业卖力气，二流企业卖产品，一流企业卖技术，超一流企业卖标准"，这形象地反映出了作为标准制定者对企业竞争的重要性。

但是，也应看到的现象是，乌龟在掌握了垄断权后，不求上进去改进技术，只想着利用垄断手段来获胜。正如亚当·斯密在《国富论》中提到的：必须要抵制行业垄断，因为一旦行业被垄断后，垄断者要做的一是筹谋如何对付公众继续保证其独占权，二是策划如何可以不劳而获地获取最大利益。

龟兔赛跑之四

新龟兔赛跑之——创新

【第五次交锋】兔子终于获胜——二次创新+差异化制胜

第四次比赛后，兔子吃一堑长一智，花巨资作了专利检索，进行了专利分析，成功研制了一种用于比赛的两栖滑板车，并申请了专利保护。

而乌龟被胜利冲昏了头脑，以为兔子永远也无法突破大河的障碍，在这个休赛期只是对滑板车进行了改进，开发出了电动平衡车。

第五年的 11 月 11 日不约而至……

不出意外，比赛路线上仍有一条大河。

兔子拿出两栖滑板车首先启动陆地功能开始出发，到了河边后，启动水上功能悠然前进……

乌龟利用电动平衡车快的优势领先兔子一个身位入水，但是很快就被兔子的两栖滑板车在水中赶上并超越了，兔子最先到达了终点，兔子获胜！

| 知识产权经济学启示 |

龟兔第五次交锋的故事告诉我们：实施产品差异化策略是企业提供同一种类的、与竞争对手不同类型的产品和服务，有效地避免同质化竞争，以获得竞争优势的一种竞争生存战略。

在宝马出现之前，奔驰已在高档轿车市场占据了绝对的统治地位，代表着尊贵、舒适、身份、品质、速度、安全、稳重，是横在宝马前面的一座看似不可逾越的高山。宝马公司另辟蹊径，不在上述品牌价值方面与奔驰拼高低，而是遵循营销的差异化原理，即在市场细分出新的产品领域和价值，对宝马车进行全新的定位。奔驰车是以设想坐车主人是坐在后面为基础来设计的，舒适、气派是突出特点，宝马公司则以自己驾驶为基础进行设计，突出驾驶的乐趣和速度，代表青春、活力，一下子就将宝马的特色立了起来，在高档车市场取得了一份份额。在专利布局方面，宝马公司申请、拥有一大批与发动机有关的专利，从而在"汽车心脏"领域占据市场优势地位。此外，沃尔沃汽车在安全领域、奥迪汽车在车灯设计领域也都通过知识产权建立和保护了各自的差异化竞争优势。

龟兔赛跑之五

新龟兔赛跑之——合作

【第六次交锋】交叉许可——合作制胜

第五次比赛后,不打不成交,兔子和乌龟竟然成了好朋友。

它们一起检讨,它们都很清楚:兔子陆地上的滑板车技术很难超越乌龟,乌龟在水上的轮船技术难以超过兔子(很搞笑,龟兔原来自己身体的劣势最终都通过技术比武创新变成了自己的优势)。

龟兔于是达成了共识:在下一次的比赛中,双方要想表现得都更好,唯有合作,结果乌龟把平衡车的专利技术与兔子的两栖滑板车专利技术进行了专利交叉许可。

第六年的 11 月 11 日不约而至……

乌龟和兔子携手一起出发,这次可是兔子骑着乌龟的滑板车,直到河边。在那里,乌龟乘坐兔子的轮船,一起到了河对岸,两个一起抵达终点。

虽然这次比赛龟兔没有分出胜负,但是比起前五次比赛,乌龟和兔子都感受到一种莫名的更大的成就感。

这次比赛结束后,乌龟和兔子由于年龄原因不能再进行体育比赛了,但是,乌龟和兔子就双方六次比赛赛跑的故事,合作写了一本自传体小说《新龟兔赛跑的故事》,靠版权收入年逾千万……

| 知识产权经济学启示 |

龟兔第六次交锋的故事告诉我们:企业对于专利不能孤芳自赏,更不能像农耕时代的地主老财那样,自己用不上的专利资产就找个坑埋起来,应从整个产业的格局出发，谋求"共享、共有、共存"的专利发展策略，建立合作共赢的专利联营机制。专利权人相互之间的专利布局和/或资源优势存在互补关系的，可通过进行专利交叉许可，整合专利资源，构建"联手、联盟、联动"的互动性专利联盟，以进一步降低自身运营成本，进一步建立专利合作战略伙伴关系，力图达成专利共赢的良好局面。

例如，有的企业长于专利技术研发，有的企业长于专利应用研发，有的企业长于专利运营，有的企业善于产业链整合，各有所长各有所缺。企业间能各自"抛砖"，就有可能共同"引玉"，通过合作开发实现专利优势互补，通过分摊研发成本分散专利风险，通过资源有效整合提高专利技术研发和推广成功的可能性。

新龟兔赛跑的六则故事告诉我们，正如达尔文的进化论中所描述的那样，凡事有竞争才有进步。因为在竞争的过程中，通过与他人进行比较，可发现自身的不足和他人的长处，从而加以改进和学习，得到进步和升华。可口可乐和百事可乐的百年之争为什么被列为资本主义历史上最重要的争斗？简而言之，是它们的角逐超越了时间、距离与文化，使企业间的合理竞争变成了自我生存的动力和发展之源，变成了一种公序良俗。

龟兔赛跑之六

CHAPTER 8

第8章

IP 运营经济学

专利制度就是给天才之火浇上利益之油。

——(美国)亚伯拉罕·林肯

知识产权运营火锅大宴

天冷了，知识产权运营师小智觉得在家里吃火锅是个不错的选择，可是不想出去买食材，于是他按照自己在工作中的心得，制作了如下吃火锅教程，并付诸实施。

第一步，列出 5 个人的名单；

第二步，给第 1 个人打电话："顺路买点菜来，就差蔬菜了。"

第三步，给第 2 个人打电话："顺路买点羊肉，就差肉了。"

第四步，给第 3 个人打电话："顺路买点冻豆腐各种丸子啥的，就差这个了。"

第五步，给第 4 个人打电话："就差酒了。"

第六步，给第 5 个人打电话："就差点火锅底料了！"

第七步，挂电话，烧锅水，坐等……

| 知识产权经济学启示 |

当今全球主推的无形资产运营尤其是各种专利运营平台层出不穷，说白了就是资源整合而已，将知识产权与资本、互联网、创新资源进行有机融合，最大限度地帮助企业运用知识产权创造价值、实现价值，支撑创新驱动发展。这就是知识产权运营的意义。专利运营无论怎么发展，其核心还在于资源整合。

长线投资

一个 8 岁的小女孩拿着 5 角钱到瓜园买西瓜。

瓜农见她钱太少，便想着随便糊弄女孩一下，好让她离开。

于是，瓜农指着未长大的小瓜说："小朋友，你手中的 5 角钱只能买到那个小瓜。"

小女孩答应了，兴高采烈地把钱递给瓜农。

瓜农很惊讶："这个瓜还没熟，你要它怎么吃呢？"

女孩说："瓜农爷爷，交了钱，这个瓜就属于我了，等西瓜熟了我再来取吧！"

| 知识产权经济学启示 |

专利不一定是等到技术完全成熟完善了再去布局，只要有想法，有能令该想法能够实施的技术方案，就可以提前布局。

对于知识产权代理机构或律所而言，为创业型公司提供免费的服务入股获取后期收益未尝不是一种选择。谷歌创始人拉里佩奇在斯坦福大学做学生时，曾就搜索引擎专利申请的事宜去找美国的威尔逊律师事务所。威尔逊律所慧眼识珠，决定不收拉里佩奇的专利服务费，而是要求拉里佩奇以后成立公司时给一些期权。后来谷歌创立后股价暴涨，赖以保护自己产品的核心专利 US6285999B1 正是威尔逊律所打造的，而威尔逊律所获得的收益亦呈千倍增长。

对于企业而言，专利作为科技性企业的核心武器，通过长线的专利储备对于企业的技术创新与市场安全、创新成果有效保护、避免重复研发、研发侵权风险规避、市场进入自由的保证、独占市场的壁垒等都具有重要作用。

具体操作步骤为：

第一步，通过"专利倍增计划"建立可以与主要竞争者相匹配的专利储备量；

第二步，在专利数量的基础上逐步实现质量的提升；

第三步，在质量并重的情况下，逐步实现运营盈利反哺研发。

抗霾专利

小杜花费 3 年心血研发治理雾霾的方案，今天终于拿到发明专利申请号了，申请号是 CN201710125627.3。

接下来，小杜花费 3 万元找专业的评估机构做了价值评估，估价 3000 万人民币。

小杜高兴坏了，到处找买家，结果不甚理想，有人甚至出价 1 元。

这天，终于有买家来对接了，买家愿意出价 300 万，不过用 1000 比特币来转账。

小杜心想：比特币行情现在也不好，到手了反而比专利更难出手，不如现金来得踏实。

买家二话没说，给了一麻袋现金，小杜一激动也没有验钞，当场与对方签订了专利转让协议。

回家后，小杜傻眼了：现金 100 捆，每捆 100 张，每张的面值都是 300 元！

小杜很生气，给买家打电话："怎么回事啊，给我的全部是假钞！"

对方倒是很平静，说："杜先生，咱俩彼此彼此啊，你的治理雾霾的方案是什么？"

小杜回答："《煽除雾霾方案》啊！"

对方反问道："你所说的除雾霾方案，就是同时派出 1500 万人，每人拿一把芭蕉扇煽风？你以为你是铁扇公主啊！"

知识产权经济学启示

请注意，这个段子绝非虚构，这个发明专利申请是真实存在的！但是请知悉，申请了发明专利不等于授权，还要经过实质审查阶段，即使授权的发明专利也可通过无效程序无效掉。专利申请流程通常有这么几步：申请人准备申请文件，包括请求书、说明书、权利要求书、说明书附图等，再提交材料；专利局会发放受理通知书，意味着专利申请正式进入审批流程；缴纳申请费；专利局对申请审查，先初步审查，对发明之外的专利申请初审合格就行，但发明专利则在初审之后，还要进行实质审查——包括评估发明是否具备新颖性、创造性和实用性，通过了实质审查，才能获取专利。

另外，不要听发明者忽悠，专利价值的评估还要从技术可实施性、技术垄断性、市场推广价值、经济转化价值、法律保护力度等角度进行综合考量。

权利要求书1页　说明书5页　附图15页

(54)发明名称
　　煽除雾霾方案
(57)摘要
　　本发明提供了一种解除雾霾的组织实施方案,在受雾霾影响期间的城市和地区,可以用人工按指定的方向,在统一的时间内共同煽除城市和地区的雾霾,具有成本低,效果显著的特点,并且不会二次环境污染。人工煽除雾霾可产生非常强大的风力和风量。以北京市为例:如果有1500万人参加为煽除雾霾而进行的造风运动,并在相同的时间内向相同的方向煽动除霾扇,则可建立起强大的风压,迫使带有雾霾颗粒的空气向同一方向流动起来,在1小时内至少可将10800亿立方米的空气定向推移1米,等同于把40米高、20公里长、20公里宽的地面低层空气顺着风向,在1小时内定向推移了68公里,而北京市城8区的面积也只有396平方公里(相当于20公里长、20公里宽),这种风力足够将首都刚刚形成的轻度雾霾移出北京城,并避免重度雾霾发生。

CN 106912338 A

专利运营就像斗地主

课堂上……

历史老师问:"谁能用通俗的语言讲一下'合纵连横'?"

小智答:"一会儿我当农民联合起来斗地主,一会儿我当地主了去斗两个不服的农民。"

哲学老师问:"大家做过最霸气的事儿是什么?"

小财答:"斗地主最后剩四个二两个王,一激动,四带二给甩出去了。"

| 知识产权经济学启示 |

"斗地主"也叫"二打一",是世界上最流行的三种扑克游戏(斗地主、百家乐、德州扑克)之一。

专利运营和博弈就跟打牌一样,拿到一手好牌的人,不一定能赢,拿到一手烂牌的人,也不一定会输。如果不幸拿到一手烂牌,就要充分发挥每张牌的最大作用,尽量打出最好的结果。

(1)远交近攻,以患为利。

丘吉尔说:"世界上没有永远的朋友,也没有永远的敌人,只有永远对利益的追逐。"这句话在"斗地主"游戏中体现得淋漓尽致,每次重新洗牌后都要摆正心态,重新选择合作伙伴。

同样,谋求最大利益和竞争优势是商业合作永远不变的真实基础,专利运营的竞合同样依赖利益的分配,企业应根据自身的特点和市场需求,根据产业、天时、地利和人和的情况，择机选择单干或专利合作等不同运营模式，为"地主"设置障碍，为同盟"农民"铺平道路。

（2）处弱善联合，居强当立断。

在"斗地主"中，每人17张牌，剩3张底牌，叫牌的过程本身就是一种博弈，账面溢价最高者当地主，但是底牌并不一定是自己所需之牌面，因此叫牌需慎重。

在专利并购时，也往往面临资源整合的博弈，如果所购专利能补缺现有专利布局短板，则皆大欢喜；如果所购专利不能与企业现有专利战略相匹配，则会成为累赘。这时，专利并购参与者应通过专利分析评议尽量知己知彼，根据自己的"牌势"去推算输赢的概率，然后再决定是否参与报价。

（3）抢占先机，先发制人。

在"斗地主"中，先手很重要，能够根据自己的优势牌型抢先出牌决定"牌势"，"先发制人，后发人制"这也是地主最大的优势。

在专利运营中，要重视先导性专利技术的研发。先进入，由于其选择的空间很大，首先能够挤占国际舞台专利主导地位，其次能够根据先导技术建立行业标准，阻断后进入者。

（4）顺手牵羊，理顺"产业链"。

牌的结构合理（"牌顺"）是打牌时输赢的决定因素，牌越顺胜面就越大：首先便于清牌，其次基本上制止了对手有"炸弹"，进行逆袭的可能性。

对于专利运营而言，理顺产业链、结构合理化布局则显得尤其重要，且如经济学中"微笑曲线"阐述的一样，上游产业链的利润远远大于下游产业链。企业在专利战略的制定中要关注企业附加价值所在，关注专利的竞争地位并加强专利运用、保护，关注专利战略、品牌战略和企业经营发展战略的相互协调，以知识产权保护为契机理顺产业链，带动微笑曲线整体提升，重塑企业主导市场的微笑曲线，逐步向附加价值高的区块定位和移动。

（5）攻防兼备，"炸弹"妙用。

洗牌后，我方小牌或中牌有"炸弹"，说明对方就难以形成顺子，我方除了能用"炸弹"进攻外还能通过"釜底抽薪"防止对手形成顺牌。

专利运营中，如果一方拥有垄断产业链某一环节的能力，便能够依托绝对的优势实现"攻防兼备"。例如，深圳富士康科技集团为价值2美元的连接器，进行深入研发和挖掘，耗费大量的人力物力布局8000多项专利申请，形成该技术领域富有成效、密不透风的专利防护网。对于富士康的竞争对手而言，面对如此严密的专利布局，意欲进行技术规避和市场渗透，简直是一件难以完成的事情。

（6）擒贼擒王，用"王牌专利"争取话语权。

打牌时，得有大牌压阵才能获得出牌权，小王永远被大王拍死，拥有"王炸"无异于拥有核弹。

在专利运营时，一是要拥有核心技术专利、主要专利、诉讼率高的专利、开拓市场型专利、市场主导型专利等"王牌专利"；二是要选取重点企业、重点项目、重大专利纠纷等事件作为导入专利工作的契机和依托"擒贼擒王"，更易获得高层管理者的重视，重点项目成功后形成巨大的示范效应，专利工作推广往往更易见成效。

（7）中流砥柱，中坚专利很重要。

打牌时，一手牌要有2、A这些中坚牌承上启下，才能和其他牌形成有效搭配。

同样，在专利运营中，企业想提升专利运营潜力，只有积极分析专利容量、挖掘专利数量、提高专利质量、调节专利平衡，才具有专利运营的中坚力量，才能达成"数量布局，质量取胜"的目的。

（8）借尸还魂，无用之用。

打牌时，通过"三带一，四带二，飞机"来使得杂牌、乱牌成功打出。

专利运营中，可以利用"巧借无用之专利"的战略思想，将其打包销售。

这样处置无用专利，不但能够减负，还能够增加专利运营砝码，在操作过程中需要秉承"全面谋划、整体布局、局部突破"的专利战略思维。

（9）农民协作斗地主，专利联盟共运营。

打牌时，农民需要缜密的分析和准确的判断，不但要了解地主的牌局，还要了解队友的牌局相互掩护、互相配合，地主的上家要敢于顶牌。

专利运营，就是智慧与协作能力的一场博弈：企业积极培育专利运用业态发展，建立专利协同机制和联合保护机制，推动建立专利运营机构，引导专利联盟和专利池建设，共同对付"专利寡头"和"专利巨头"，以联盟化、协作化等方式，整合专利资源，推动专利的集成运营。

（10）实力为王，谋略次之。

拿到一手无敌的牌，又握有先手时，对手谋略再高明也无计可施。

在专利运营中，"以奇胜者以正合"，企业的专利市场要想做大做强，还得依靠稳扎稳打增强专利创新实力、增厚专利技术储备来实现。

另外，在专利战中，还要整体谋划、头脑清醒，绝不要犯"四个二带俩王"的低级失误。正像慕容晓晓在歌里唱的一样："是非成败，都要看开；放得下得自在，所有的一切不过只是一场牌！"

大巴车上的"中国好声音"

某一旅游大巴车开往一处旅游胜地,车上坐满了游客,当车开到一个村庄时,车停了下来,此时司机便对车上乘客说:"男女老少们,该唱歌的唱歌去吧!动作要快!只有五分钟。"

其中一位游客是《中国好声音》的编导,心中感到既纳闷又高兴:"今天旅游还有唱歌的内容?还有这么多民间歌手?作为编导,一会儿我得好好挖掘几个选手。"

可是他只看到下车的游客,男的进一个房子去,女的进另一房子,不一会儿都又出来了,他更诧异了。

于是便向司机问了个究竟,原来在大巴车上有个潜规则:出于文明礼貌,避免粗俗言辞,管"小便"叫"唱歌"。

| 知识产权经济学启示 |

从荷兰 *The Voice* 引进版权并进行二次创新后落地的《中国好声音》,虽然因为版权问题几经波折,但是也开创了国内歌唱类选秀节目的"中国好模式"。

中国已经是发明专利申请量连续多年全球领先的专利申请大国,在浩瀚的闲置专利中如何挖掘璀璨的"遗珠"并将其产业化、资本化,是当今我国专利工作面临的重要挑战。

《中国好声音》的导师选人模式,像极了专利价值评估中最常用、最被认可的"专家评分法",在好专利的筛选过程中值得学习借鉴。

（1）标准，规范成功的利器。

"好声音"节目组有几百页的"宝典"，从选手化妆、情节设计、灯光、音乐、舞美、机位、剪辑等方面进行详细的说明，精细的运作模式能够最大限度地保证成功的可能性。

专利评估也应以建立严格、规范、细致的标准度量体系为基础，从创新、技术、市场、法律和运营等维度着手，从专利的重要性、稳定性、规避性、成熟性、有效期、地域性、侵权判定难度、许可情况、政策适应性、市场占有率等角度出发，全面、系统、有层次性地制订相应的评判标准和打分规则。

（2）海选，英雄不问出处。

"好声音"会在全国派出多组编导进行地毯式的首轮筛选，寻找到有潜力的草根歌手录制小样，然后交给音乐总监和导演进行评判初选，可谓千里挑一地保证选手质量。

寻找"中国好专利"也应从全国范围的申请入手，以"创新性、产业化"为主要的评判标准，通过严格的专利分析和市场分析手段寻找入围专利，以从源头上保证入围专利的质量。在专利初选阶段，起点公平往往比终点公平更重要，因此应创造屏蔽权力和垄断影响的舞台，力争不埋没好的中小企业的申请和个人申请。

（3）盲选，权威专家各具专长。

"好声音"中导师背对学员，将声音作为唯一的评判标准决定是否转身，大腕导师团队各具所长让人信服，或稳健，或温柔，或多才，或多艺，或帅气。

专利评估团队中的专家，应力邀权威性最高的专利分析师、技术专家、经济专家、知识产权法律专家、市场专家、投资顾问等各行泰斗，相应领域的专家通过匿名方式，根据自己的经验和一致的标准对评估专利给出评价分值，并将交给第三方进行加权计算后的结果在媒体上"权威发布"，使评选在保证专利价值评估结果的公平性、一致性的基础上更具权威性和公信力。

（4）运营，物尽其用人尽其才。

"好声音"开创了中国电视史上真正意义上的制播分离，通过明确职权分工和岗位职权，制播双方各尽所能，明晰地解决了事业和产业、娱乐和宣传等多方面矛盾。

由于抛却企业专利战略和专利组合等因素，现有的专家评分法评选单一的"中国好专利"难免存在一定的局限性。受"好声音"制播分离的启示，笔者认为在专利评估后的产业转化过程中，完全可以将专利授权给专利运营公司代理运营，即实现专利研发申请与专利运营管理相分离的机制：企业和科研机构专注于专利技术的研究开发，专利运营公司通过专利聚集组合运营，帮助国内企业化解专利纠纷、应对海外诉讼风险，并将专利变成利润，让创新、专利、资本三者实现无缝对接。

（5）挖掘，打造全新的产业链。

"好声音"中学员、导师和运营方共同打造完整产业链，让导师和学员一起参与后期的运营，更好地发挥导师的明星效应。

专利价值评估完成后，首先明确市场推广方向，并邀请权威专家参与产业价值高的专利的产业化运营，以"中国好专利"为主线，以市场为导向，充分发挥各行业专家的业务所长和示范作用，力争能够产生企业研发、专利运营、专家相互促进的战略协同效应。

（6）示范，促进全行业健康发展。

"好声音"带来收视奇迹的同时，也带动了国内音乐产业的发展，并促进了相关产业的快速延伸。"中国好专利"如果能够成功地实现产业转化和资本运营，必然能够起到示范性的带头作用，促进国内专利申请质量提高和科技成果转化的水平，从而进一步提高我国的自主创新能力和核心竞争力。

海南黄花梨值钱的秘密

海南黄花梨木大贵，海南某文玩家欲在自家阳台栽种多盆黄花梨，然后靠其致富。

每日精心照顾……

终于在秋天，树上结出了几只黄澄澄的大梨！

熟悉收藏的人都知道，在黄花梨领域，海南黄花梨比越南、缅甸等地的黄花梨要贵很多。

为什么海南黄花梨贵？原因总结如下：

第一，密度。海南黄花梨比重大，实在，密度细腻，毛孔一般也比越南黄花梨小。

第二，纹路。海南黄花梨鬼脸纹路形状特殊奇异，变幻莫测；越南黄花梨鬼脸纹路则无太多变换，稍显单调。

第三，手感。海南黄花梨打磨后，触感如丝绸般自然滑腻；越南黄花梨油性小，手感发涩，甚至会有颗粒凹凸感。

究其原因，是因为黄花梨树在海南经历了台风吹打、树枝不断折断重新长出，生长过程中会结疤，生长缓慢，枝干也不断地分叉和扭曲，从而导致树的纹路被横切后就出现"鬼脸"，密度也更大、油性也更好。

| 知识产权经济学启示 |

什么样的专利价值高？这个问题没有固定的答案，但是可以肯定的是

经历过多次无效诉讼后仍然有效的专利自然是高价值专利！因为经济效益高、不可替代性强，所以市场上的竞争对手都想把它无效掉；因为专利撰写质量好、保护范围适中，所以对手又不能把它轻易无效掉，这样的专利自然在技术、市场、法律等多方面的综合价值更高。获得2018年专利金奖的ZL201420522729.0号专利"一种一体式自拍装置"，截止到2018年12月1日，已经被提起无效诉讼19次，但是没有被无效掉，号称"无效不掉"的自拍杆专利。而专利权人也以这个专利为武器进行地毯式的维权，在广东、山东和福建等地发起了多达1394次诉讼。在这1394次诉讼中，判赔支持率为47.68%，案均判赔额为3.22万元，标的额最高为8万元，判决金额最高为4万元，虽然单个案子的赔偿额不高，但是因胜诉次数多，企业通过专利诉讼即获赔数千万，真是近年来"小专利"的优秀运营案例。

和氏璧如何正确估值

楚国有个人叫卞和,有一天在砍柴的时候看见有凤凰栖落在山中的青石板上,他相信"凤凰不落无宝之地"之说,认定这是块宝石。

卞和把它采下来献给楚厉王。楚厉王找宝石专家鉴定后认为只是块普通石头,便以欺君之罪砍掉了卞和的左脚。

卞和后来又把它献给楚武王,楚武王同样以欺君之罪砍掉了卞和的右脚。

卞和就天天在山脚下哭,双眼都哭瞎了。

楚文王继位后,卞和仍旧来献宝,楚文王没有找鉴宝专家而是找玉匠对卞和怀中的石头进行打磨,刚切开一角,就发现里面异光闪烁,璀璨夺目,果然是稀世珍宝。

楚文王令玉匠将其琢磨成璧,为了表彰卞和的贡献,特把它命名为——"和氏璧"。

| 知识产权经济学启示 |

和氏璧原石历经三代楚王、卞和付出了双脚双眼的代价才被认可,最主要的原因是缺乏玉石价值鉴定标准,对玉石的价值进行合理、客观的鉴定。将和氏璧原石对应一项高水准的专利技术,该专利技术(和氏璧原石)从被技术人员(卞和)研发出来,到被投资人(楚王)赏识认可的过程中,如果能够客观、快捷、科学地对专利技术进行价值评估,为用户提供专利权价值参考对比,无疑将会帮助其更加高效地进行专利运营。

然而,相对有形资产(已被认可价值玉器或金银器)在市场上的明确价格，作为无形资产的专利价值评估（未经琢磨的璞玉），由于缺乏大家都认可的、客观的专利权价值评估方法，导致难以被准确估值。"试玉须得三日满，辨才更待七年期"，据统计，现有的专利价值评估方法主要有以下五种：

（1）市场法。

假如把和氏璧原石拿到市场上去随行就市买卖，就叫市场价值法，又被称为市场价格比较法，简称市场法。这种方法在有形资产评估中属于最为简便的一种资产评估方法，从而成了国内外评估有形资产的首选方法。但是市场法对于无形资产尤其是未经全面开发的专利的价值评估作用不是很显著。

（2）收益法。

假如把和氏璧原石拿去"赌石"，叫作收益法。收益法是指通过待估资产为企业带来的未来收益折算现值，来确定待估资产价值的一种方法。其需要重点考虑三个要素：未来预期收益、折现率或资本转化率、未来收益期限。但是这三个要素的数据一般不容易确定，导致收益法评估专利权的价值受到局限，风险相对也较大。

（3）成本法。

假如综合考虑和氏璧原石的加工打磨和销售成本，甚至将卞和失去双脚双眼的成本都计算在内，叫作成本法，又称重置成本法。成本法是以现行市价为基础，评估重新开发或购买类似专利技术所需要的投入成本，从而确定被评估的专利技术价值的一种评估方法。其基本思路是以重复专利技术开发过程中的投入作为重置成本，然后考虑价值增贬因素来最终确定专利技术的价值。

（4）专家打分法。

假如让玉石鉴定专家来预测和氏璧原石的价值，叫作专家打分法，或专家评分法、专家评估法、专家鉴定法。专家打分法是指通过匿名方式征询有关专家的意见，对专家意见进行统计、处理、分析和归纳，综合多数专家经验与主观判断，对大量难以采用技术方法进行定量分析的因素做出合理估算，经过多轮反馈和调整后，对评估目标的价值和价值可实现程度进行分析的方法。专家打分法通常与其他评估方法结合使用，例如模糊数学评价法就是基于模糊数学理论结合专家针对专利的各评价指标的打分，经过比较，得出偏差，用实际专利价值和偏差的乘积表示专利价值的方法。专家打分法的缺点是有时候会不够客观，会令评估的专利价值存在水分。

（5）同领域类比法。

假如拿一块已知价值的、类似于和氏璧原石的玉石来进行横向对比，以确定和氏璧原石的价值，叫作同领域类比法也叫比较类推法。这是由一类事物所具有的某种属性，可以推测与其类似的事物也应具有这种属性的推理方法。其结论必须由实验来检验，类比对象间共有的属性越多，则类比结论的可靠性越大。实际运用中，由于类似东西难以完全对照，导致类比法通常与其他评估方法结合使用。

就像和氏璧原石虽没有被楚厉王、楚武王认可，并不代表它没有价值一样，现在国内的科技成果尤其是专利转化的效率不高，只有10%左右，并不是因为国内没有好专利，只是缺乏科学量化的专利权价值评估体系，尤其是缺少统一的、大家都认可的专利价值评估体系。

1968年，本来想发明一种超强的粘贴剂的3M公司的科学家Spencer Silver博士，经过几个月的研究后，得到了一个令人失望的结果，这种粘贴剂虽然粘，但是不容易凝固，贴上还可以撕下来，该项技术也被3M公司作为当年失败的研发项目之一被束之高阁。1972年，3M公司的一位工程师Art Fry利用这项技术开发出了"即时贴便笺"（Post-it®），并将黏胶配方及时申请了专利保护（专利号为US3691140A）。1980年，专利产品"即时贴便笺"投放市场后迅速赢得了消费者的青睐，成为公司最赚钱的产品，为3M公司赢得丰厚的利润。1999年，"即时贴便笺"被《财富》杂志评为20世纪最佳产品之一，也被公认是技术转化最为成功的产品之一。

和氏璧增值为传国玉玺

秦代丞相李斯奉始皇帝之命,将和氏璧镌刻而成传国玉玺,使之成为中国历代正统皇帝的凭证。

传国玉玺方圆四寸,上纽交五龙,正面刻有李斯用小篆所书"受命于天,既寿永昌"八字,以作为"皇权天授,正统合法"之信物。

秦二世之后,历代中华帝王皆把此玺奉若奇珍和国之重器,得之则象征其"受命于天",失之则象征其"气数已尽"。

后世,凡登大位而无此玺者,则被讥为"白版皇帝",显得底气不足而为世人所轻蔑。

历代欲谋帝王之位者你争我夺,致使该传国玺屡易其主,辗转于神州,凡两千余年,忽隐忽现,终于销声匿迹,至今杳无踪影,令人叹息。

| 知识产权经济学启示 |

和氏璧价值高是因为它美丽、稀缺,等秦始皇令李斯把和氏璧二次琢磨成传国玉玺之后,其价值就得到了更大的提升,由一块美玉转眼就成了一个国家权力的象征,哪怕是崩了一角它的价值也不会有任何的降低。

当一件物品由于被赋予了某种特殊的含义,而被异化成一种权力或价值的象征后,这种现象在知识产权领域叫作由于代表对象引起的价值升级,也叫作推动产业向价值链的最高端发展。

例如,1986 年,辉瑞公司在英国三明治市的分公司发现一个治疗高血压(hypertension)的小分子化学药物,该药物能让血管的平滑肌细胞放松,从而增加血液的流速和流量,降低血压,是一种很好的治疗高血压的药物。在临床试验中,科学家们意外地挖掘出了该药物更大的用途:从可能治疗高血压到治疗心绞痛,最后却发现了可以治疗男性性功能障碍。从而开发出治疗男性功能障碍的药物——伟哥(VIAGRA),辉瑞公司迅速申请了该药物的系列专利。在它刚上市的第一天,辉瑞的股票每股涨了 8 美元,刚上市的头两周,伟哥即占了市场份额的 79%,上市后的第一年的销售额突破了 10 亿美元,第二年的销售额达到了 18.79 亿美元。这使伟哥成为制药史上新药投放市场最成功的例子,以及药物史上卖得最快的药剂,同时也成为专利技术史上知识产权价值快速升级的典范之一。

孙坚为何能发现传国玉玺

十八路诸侯讨伐董卓之时，孙坚大军进入东都洛阳，当时洛阳空虚，数百里内没有烟火。

孙坚入城后，见此惨状，无限惆怅，潸然泪下。他命令部队清扫汉室宗庙，虔诚地用太牢之礼祭祀。据裴松之《三国志》注引《吴书》记载，孙坚当时驻军洛阳城南，附近的甄官井上，早晨有五彩云气浮动，众军惊怪，没人敢去汲水。孙坚命人下到井内，打捞出了传国玉玺，玺方圆四寸，上纽交五龙，缺一角，文字是"受命于王，既寿永昌。"孙坚修复了被董卓挖掘的汉室陵墓，引兵回到鲁阳。

十八路讨伐董卓的诸侯，为什么单单就孙坚得到了传国玉玺？

这是因为，机遇只垂青有准备的人！

当其余十六路诸侯（曹操除外）都在扯皮划地盘时，只有孙坚积极作战并首先攻入洛阳；当其余十六路诸侯都在隔岸观火时，只有孙坚还虔诚地想着打扫汉室宗庙，用太牢之礼祭祀；当后宫的井上五彩云气浮动（如果孙坚没有虔诚地祭祀，五彩云气能不能出现还未可知），众军惊怪，没人敢去汲水时，孙坚让人下到井内，打捞出了稀世珍宝——传国玉玺。

| 知识产权经济学启示 |

"规律每天发生，故事各有不同！"机遇只留给有准备的人，可能也只留给对自己的事业和追求有虔诚心的人，在知识产权领域也不例外，等待机遇的人是常人，抓住机遇的人是能人，创造机遇的人才是高人。

企业在专利挖掘的过程中,除了把握机遇,也需要积极、主动地谋划,因为专利挖掘是企业开展专利管理工作的基础,也是进行专利申请、专利布局、构建专利组合的前提条件。

通过专利挖掘,能够更加准确地专注企业技术创新的主要发明点,能够对创新成果进行全面、充分、有效的保护,能够利用企业自身的核心专利与外围专利相互卡位形成更加严密的专利网,从而令专利在为企业防控侵权风险的同时,还能创造更大的价值。

孙策用传国玉玺质押换兵

孙坚死后,其长子孙策接班江东孙氏集团,按照"三十六计"制定了自己的三步走战略:

第一步:借尸还魂,找袁术要回老爹的旧部,如果袁术不答应,则用传国玉玺交换;

第二步:树上开花,投奔舅舅吴景,在盛产精兵的丹阳郡拉起属于自己的一支队伍;

第三步:反客为主,占据吴郡、会稽郡,西进荆州报杀父之仇,做雄踞一方的诸侯。

为父守孝三年后,年仅 19 岁的孙氏集团 CEO 孙策去与袁术谈判。谈判中有来有往,孙策坐地起价,袁术就地还钱。但是,当看到孙策手上的玉玺时,袁术马上答应借给孙策兵三千、马五百匹,还许诺一张九江太守的空头支票。

最后,孙策正是靠这三千兵马起家,在程普、黄盖、韩当等一干忠诚老将的鼎力支持下,仅用三年时间就拿下整个江东地面,并从一个中小型创业企业成为富甲一方的集团大公司。

22 岁时,孙氏集团董事长孙策与袁术决裂,理由是袁术大逆不道公然称帝。而此时的袁术,虽然手抱传国玉玺、身穿龙袍,却众叛亲离,最后被活活饿死!

| 知识产权经济学启示 |

如果将传国玉玺比喻成一项价值连城的高价值专利,那么孙策用玉

玺换兵马的过程，就是通过专利质押获取创业资金后，通过专利运营最终称霸市场的过程。知识产权质押融资，是为了解决中小企业融资面临的贷款门槛高、融资难、融资贵的困局而提出的一种具有创新意义的信贷品种，主要是以合法拥有的专利、商标、版权等知识产权作为质押物，经过评估机构评估价值后，由银行、投资机构按照一定的质押率提供贷款的融资模式。

企业在选择进行质押融资的专利时，应从经营风险、法律风险、估值风险和处置风险等角度出发，精选优选专利，减少上述风险，以尽快完成金融机构的评估和授信，并获得较好的贷款条件。具体操作时，可以从以下几个因素着手筛选：

（1）确保专利权维持有效。在实际操作中，存在企业由于知识产权管理疏漏而发生漏缴年费、专利被提起无效诉讼导致专利权终止等情形，这时申请专利质押融资便没有了任何成功可能性。

（2）符合企业所在地和银行的相关规定。企业应当根据企业所在地规定对进行质押融资的专利进行初筛，还要遵照银行的要求选择专利。如北京要求进行质押融资的专利必须是核心专利、处于实质性实施阶段、形成产业化经营规模、发明专利有效期不得少于8年、实用新型有效期不得少于4年等。

（3）确保专利权属无争议。因为专利质押融资需要经过全体权利人的同意方能进行，若专利权本身存在权属争议，势必会影响到专利质押融资的安全性和稳定性。

（4）保证专利权的稳定性。如果专利权在申请专利质押融资的过程中被宣告无效，势必会导致专利质押融资的失败；如果专利权在银行发放贷款后被宣告无效，银行可能会采取其他救济措施，让企业提供其他的相应担保，势必对企业的整体运营战略造成不利的影响。

（5）提前进行专利价值评估。企业应参照评估机构提供的评估因素进行预评估，选择价值较大的专利进行质押融资，以在同等情况下争取到更高的贷款金额。

（6）专利打包进行质押。企业可以将技术或产品功能上关联的专利组成"专利包"进行质押融资，能够减少银行的操作风险，从而获得更好的质押率和贷款额度。

抢劫狗屎的强盗

一位时髦小姐芳芳去银行取钱,还牵着一只靓丽的卷毛狮子狗。

芳芳正在营业厅排队,小狗呜呜地闹着要拉便便。芳芳要了一张废报纸,裹了狗屎,又向营业员要了一只印有银行标记的纸袋,拎了纸袋出门去扔。

忽然,一辆摩托车疾驶而来,纸袋被骑车人一把夺过,绝尘而去。芳芳登时就愣住了。

旁边的几个老太太摇了摇头说:"现在的飞车抢劫党真猖狂,光天化日之下都抢人家姑娘财物,看把姑娘都吓傻了吧。"并大喊提示,"姑娘,抓紧打110报警!"

惊慌的芳芳望着驶远的摩托车,怒骂:"现在的人什么都要!连狗屎也要抢!"

围观群众知情后,无不捧腹大笑。

后来,民警根据视频录像抓住了抢劫狗屎的盗贼,盗贼被判刑一年零三个月。

|知识产权经济学启示|

段子中,飞车党盗贼根据职业经验想当然地认为走出银行手里拿着鼓鼓囊囊纸袋的人必然是刚刚取了现金的人,但实际情况是,纸袋里不只装现金,还可能装狗屎。

这就像上市公司一样,想要上市的公司不一定是盈利的公司,需要对每一家公司做好上市前的知识产权尽职调查和信息披露工作,尤其对于高新技术的上市企业。

知识产权尽职调查，是指对一个企业的知识资产进行系统化的梳理，记录其知识产权现状，发现存在问题，评估存在风险，并提出专业的解决方案。换句话说，知识产权尽职调查是指对企业的知识产权资产进行摸底，发现问题并解决问题。

（一）进行知识产权尽职调查的目的。

知识产权尽职调查的目的，首先在于通过调查摸清企业的相关知识产权信息并发现问题和潜在风险。其调查目的是确认专利、商标、版权、域名、集成电路等各类知识产权的主要事项：

（1）权属关系、法律状态；

（2）权属关系有无瑕疵及法律问题；

（3）权利内容、许可、特许经营及质押情况；

（4）诉讼、仲裁信息；

（5）在行业内的竞争力；

（6）对企业盈利的影响度；

（7）对企业发展可能带来的其他不确定因素。

（二）进行知识产权尽职调查的范围。

随着经济全球化和网络信息化的飞速发展，现代企业可能拥有的知识产权范围已经不只包括商标、专利、版权等传统内容，在企业上市知识产权尽职调查过程中可能会出现：

（1）商标、品牌；

（2）商号；

（3）企业名称；

（4）专利（发明专利、实用新型、外观设计）；

（5）著作权（包括软件著作权、文字出版物著作权、影视作品著作权等）；

（6）半导体集成电路的布图设计权；

（7）商业秘密（技术秘密、经营信息）；

（8）原产地名称保护（包括地理标志产品）；

（9）企业域名，及与企业商号、商品相关的网络域名；

（10）植物新品种的新品种权；

（11）企业商品特有包装、装潢、产品名称及商誉；

（12）掌握核心技术的重要人物；

（13）作为企业出资部分的知识产权。

虽然有些项目不一定是一种知识产权对象，比如掌握核心技术的技术人员，但这也是评价一个企业整体知识产权价值不可或缺的重要因素，其最终归属需要调查清楚。尤其在"企业的竞争就是人才的竞争"这样的时代背景下，掌握一项关键技术的开发人员和技术人员对企业的盈利能力和稳定性发展来说是至关重要的宝贵财富。

汽车界的 IP 绰号

奥迪因为车灯漂亮，绰号"四环灯厂"；

奔驰因为乘坐舒适，绰号"头等舱厂"；

宝马因为驾驶体验好，绰号"发动机厂"；

沃尔沃因为注重安全，绰号"气囊工厂"；

日产因为座椅做得好，绰号"沙发工厂"；

起亚因为轮毂漂亮，绰号"轮毂工厂"；

比亚迪因为专注于电池，绰号"电池工厂"；

五菱宏光，不知道为什么，绰号"秋名山神车厂"❶。

绰号，也称外号，绰号由于其富有诸多含义，而能被人更好地记住，加强辨识度，这在管理学中叫作"通过差异化实现各自的利润最大化"。

所以，在汽车领域，奔驰很少和宝马吵架，沃尔沃也懒得和奥迪起纠纷，低档的五菱宏光却能够保持单车型连续多年全球销量第一，因为它们都是通过独特的差异化，实现了各自的利润最大化。

| 知识产权经济学启示 |

通过功能创新所获得的竞争上的差异化优势，有赖于通过专利权或商业秘密保护得以维持，否则会很快被复制，让产品由差异化走向非差异化乃至大众化。

---

❶ "昨晚我在秋名山输给一辆五菱宏光，他的速度很快，用惯性漂移过弯，我只看到他的车上写着修房顶漏水的招牌，如果你见到他，麻烦你告诉他周六晚上我会在秋名山等他！"这是一则在网上广为流传的段子。

因此，企业在不断创新的同时，还要注意采取有效的知识产权保护策略来保护自己的核心技术、保证自己的垄断地位，通过知识产权保护延迟将核心技术变成一般技术的时间，来争取更大的市场份额。

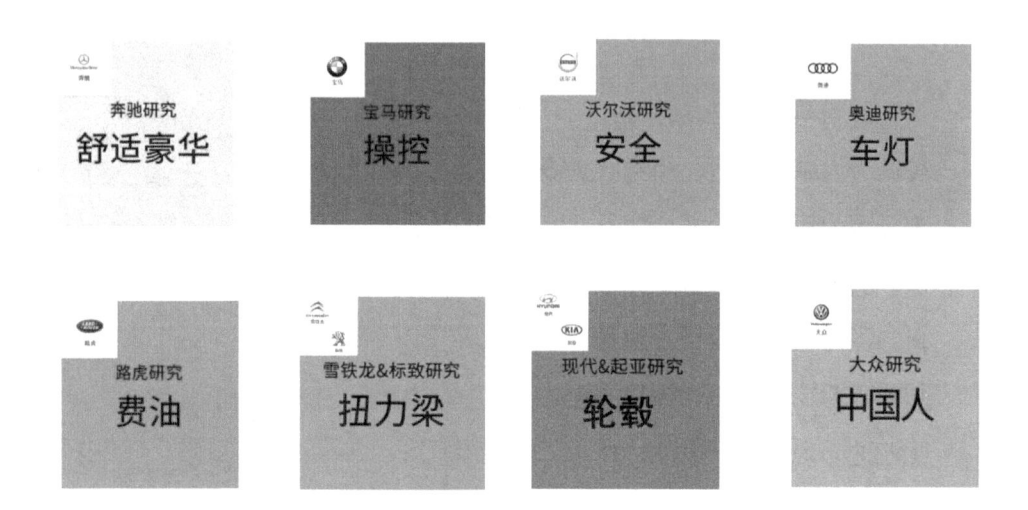

奔驰研究 舒适豪华	宝马研究 操控	沃尔沃研究 安全	奥迪研究 车灯
路虎研究 费油	雪铁龙&标致研究 扭力梁	现代&起亚研究 轮毂	大众研究 中国人

房子和专利

从 1998 年开始，20 年的时间里房地产投资对中国经济增长功不可没。

从 2018 年开始，以专利为主的知识产权经济将对中国经济发挥重要作用。

为什么？

因为二者在特征和功能上极其相似：

房子	专利
产权证（50 年、70 年）	产权证（10 年、20 年）
遮风挡雨	保护技术
自己居住	自己使用
出租获利	专利许可
投资获利	专利交易
以房养老	公司保值
身份地位象征	科技企业象征
恋爱结婚必备	高新申报必备
落户	落户加分
学区	升学加分
……	……

| 知识产权经济学 |

任何事物我们都要抓住其核心作用：房子是用来住的，专利是用来促进创新的，其余的作用和功能可以根据经济发展需要在不同的时间、地点逐渐增加或剔除。

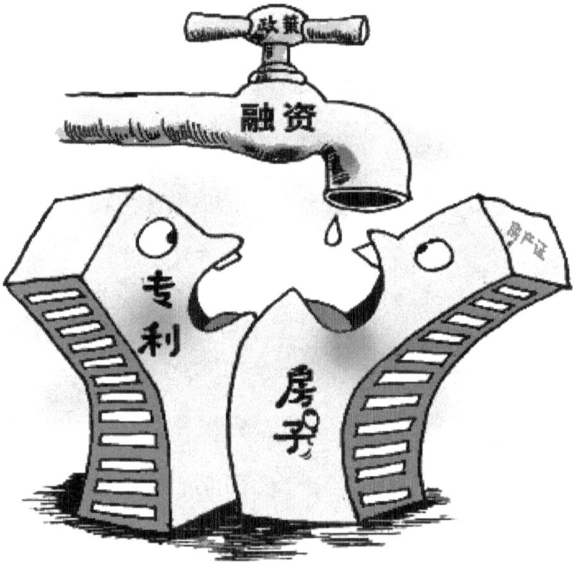
政策
融资
专利
房子
房产证

参考文献

［1］董新蕊. 专利三十六计［M］. 北京：知识产权出版社，2015.

［2］董新蕊. 智财三国［M］. 北京：知识产权出版社，2019.

［3］董新蕊. 专利分析运用实务［M］. 北京：国防工业出版社，2016.

［4］滕征辉. 段子：人生何求［M］. 北京：中国友谊出版公司，2017.

［5］游戏主人. 笑林广记［M］. 郑州：中州古籍出版社，2008.

［6］何梦佳. 小故事大道理［M］. 北京：煤炭工业出版社，2018.

［7］北美崔哥. 中国人来了［M］. 南京：江苏文艺出版社，2013.

［8］赵大伟. 林彪挖掘大数据［J］. 领导文萃，2016（9）：51-53.

［9］猫眼看人. 卖油条大爷与县长的对话［J］. 时代邮刊，2017（11）：61-62.

［10］秋姗. 一个骗了我们很久的半截故事［J］. 杂文月刊（文摘版），2016（6）：70-71.

［11］15个有名的经济学段子［EB/OL］. ［2019-03-08］. https://wenku.baidu.com/view/af70fb2203768e9951e79b89680203d8ce2f6a9f.html.

［12］18个经济学段子，秒懂！［EB/OL］. ［2019-03-08］. https://www.baidu.com/link?url=7HhzpT8ud72JgaD6zS_ka3dIW7CQb8Bzp6gPX7fHFJqqyClAwtvCu_M6NiCUjmC07O8NN1ilJXtyfteOXJcAXa&wd=&eqid=ff7c6ca000015013000000025c85b98b.

［13］董新蕊，朱振宇. 用舌尖品味专利分析之美［N］. 中国知识产权报，2014-05-21（5）.

［14］这14条财经段子，你看过几条，又能真正读懂几条？［EB/OL］. ［2019-03-08］. https://baijiahao.baidu.com/s?id=1616998125018898281&wfr=spider&for=pc.

［15］小故事，大道理［EB/OL］. ［2019-03-08］. http://baijiahao.baidu.com/s?id=1587573314255230297&wfr=spider&for=pc.

［16］董新蕊. 从新龟兔赛跑看企业发展六步战略［J］. 发明与创新（大科技），2015（12）：44-46.

［17］董新蕊，朱振宇. 从《中国好声音》看"中国好专利"［N］. 中国知识产权报，2014-07-30（5）.

［18］数据分析师不是数羊的［EB/OL］. ［2019-03-08］. http://www.wipren.com/html/2014/yuebao_0922/189.html.

［19］董新蕊. 人民网：从和氏璧的发现看专利价值的评估［EB/OL］.［2019-03-08］. http://ip.people.com.cn/n1/2019/0130/c179663-30598791.html.

［20］可口可乐的笑话［EB/OL］.［2019-03-08］. http://blog.sina.com.cn/s/blog_7a42b6290100sm1a.html.

［21］是"版权卫士"还是"版权流氓"？［EB/OL］.［2019-04-16］. http://finance.china.com.cn/industry/20190416/4953940.shtml.

［22］知识改变命运，思路决定出路［EB/OL］.［2019-04-16］. http://www.sohu.com/a/114326352_135128.

［23］我们真的误会了猪八戒太多年［EB/OL］.［2019-04-16］. https://m.sohu.com/a/161539868_654859.

［24］日本靠什么把中医药做成了自己的国宝［EB/OL］.［2019-04-16］. http://www.360doc.com/content/16/0329/23/26710929_546403870.shtml.